Curso

SE05

*La diferencia entre aprobar
y sacar plaza*

Lavandero/a

SERVICIO ARAGONÉS DE SALUD

AF173920

Si aún no dispones de tu **Curso MAD360**, te ofrecemos un acceso GRATIS de 30 días para que disfrutes de los siguientes recursos:

- Técnicas de Memoria 360.
- MADTEST: Test *online* Nivel PRO.
- Temario en formato digital.
- Vídeos y esquemas.
- Planificación de estudio.
- Foro entre opositores hasta la fecha del examen.*
- Recursos y novedades exclusivas.
- Consúltanos sobre tu oposición y proceso selectivo.
- Actualizaciones legislativas (Boletines Oficiales) hasta 60 días antes de la fecha del examen.*

Para acceder a esta prueba del Curso MAD360** será necesaria la compra de todos los libros para esta especialidad de la edición 2025.

Regístrate en **mad.es/iniciar-sesion** y en la pestaña MIS CURSOS valida los códigos que encuentras en la última página de tus libros.

NOTA IMPORTANTE:

* Examen de esta categoría profesional correspondiente a la convocatoria publicada en el BOA n.º 168, de 1 de septiembre de 2025, o hasta el 31 de octubre de 2026, lo que se cumpla antes, y previa renovación del servicio.

** El acceso al CURSO MAD360 estará disponible desde octubre de 2025 (algunos recursos podrían estar disponibles en fecha posterior). Tendrá una duración de 30 días RENOVABLES mediante pago, desde la validación de códigos, o hasta el 30 de abril de 2027, lo que se cumpla antes.

MAD se reserva el derecho a ampliar dichas fechas.

Lavandero/a del Servicio Aragonés de Salud

Octubre 2025

Lavandero/a del Servicio Aragonés de Salud

Test del temario

Autores

ANA MARÍA SERRANO BÁRCENA

Licenciada en Biología

M.ª DOLORES MOLADA LOPEZ

Diplomada en Magisterio

Técnico en Prevención de Riesgos Laborales

JOSÉ LUIS GARRIDO VELA

Licenciado en Derecho

FRANCISCO JESÚS TORRES FONSECA

Licenciado en Derecho

ENCARNA ROJO FRANCO

Redactora Senior

Oposicions i Cursos Professionals

JUAN MANUEL GIL RAMOS

Licenciado en Medicina. Master en Salud Ambiental. Médico Puericultor. Profesor de Procesos Diagnósticos Clínicos y Productos Ortoprotésicos y Profesor de Procesos Sanitarios y Asistenciales. Profesor de prácticas del C.A.P. Universidad de Sevilla. Miembro de tribunal de profesores de Enseñanzas Secundarias

© 7 Editores Recursos para la Cualificación Profesional y el Empleo, S.L. (7 Editores)

© Los autores

Primera edición, octubre 2025 (140 páginas)

Derechos de edición reservados a favor de 7 Editores

IMPRESO EN ESPAÑA

Diseño Portada: 7 Editores

Edita: 7 Editores

Avda. San Francisco Javier, 9 · Edificio Sevilla 2 · Planta 11 · Módulos 25-27 · 41018 Sevilla

Teléfono: 954 784 411 · WEB: www.mad.es · e-mail: administracion@7editores.com

ISBN: 979-13-702-8054-3

© "Editorial Mad" y "Eduforma" son nombres comerciales registrados de
7 Editores Recursos para la Cualificación Profesional y el Empleo, S.L.

Índice

TEST MATERIA COMÚN

TEST MATERIA COMÚN

TEST N.º 1

La Constitución Española de 1978: Principios fundamentales. Derechos y deberes fundamentales de los ciudadanos. La protección a la salud en la Constitución. La Corona. Las Cortes Generales. El Gobierno de la Nación. El Poder Judicial

1. ¿En qué se fundamenta la Constitución Española?

a) En un Estado social y democrático de Derecho.
b) En la indisoluble unidad de la Nación española.
c) En la independencia de los poderes del Estado.
d) En la organización territorial del Estado.

2. Según el artículo 3 de la CE, el castellano es la lengua oficial del Estado y todos los españoles:

a) Tienen el deber de usar y el derecho de conocer el castellano.
b) Tienen el derecho y el deber de conocer el castellano.
c) Tienen el deber de conocer y el derecho de usar el castellano.
d) Tienen el derecho de conocer y usar el castellano.

3. La Constitución Española reconoce y garantiza el derecho a la autonomía:

a) De las nacionalidades que la integran.
b) De las regiones que la integran.
c) De las Comunidades Autónomas que la integran.
d) De las nacionalidades y regiones que la integran.

4. El Preámbulo de la Constitución:

a) Tiene en sí carácter de norma jurídica.
b) Es una declaración de intenciones, destinada a interpretar lo que se quiere alcanzar con el contenido normativo de la Constitución.
c) Se trata de un texto sin fuerza jurídica de obligar.
d) Las respuestas b) y c) son correctas.

5. Dispone la Carta Magna que todos contribuirán al sostenimiento de los gastos públicos de acuerdo con su capacidad económica mediante un sistema tributario justo inspirado en los principios de:

a) Legalidad y equidad.
b) Igualdad y progresividad.
c) Publicidad y legalidad.
d) Eficacia y sostenibilidad.

6. ¿En qué parte de la Carta Magna se establece la exposición de motivos que impulsan la norma constitucional y los objetivos que con ella se pretenden alcanzar?

a) En el Título Preliminar.
b) En el Preámbulo.
c) En el Título I.
d) En el Título II.

7. La Constitución Española fue sancionada por:

a) El Rey.
b) El Presidente del Congreso.
c) Las Cortes Generales.
d) El Presidente del Gobierno.

8. ¿Cuáles de los siguientes españoles de origen pueden ser privados de su nacionalidad?

a) Exclusivamente los miembros de grupos terroristas.
b) Los miembros de grupos terroristas y los que atenten contra el Rey u otro miembro de la Casa Real.
c) Los que atenten contra un miembro de la Familia Real o del Gobierno de la Nación.
d) Ningún español de origen podrá ser privado de su nacionalidad.

9. Según la CE son fundamentos del orden político y la paz social:

a) La dignidad de la persona, los derechos violables que les son inherentes y el respeto a la ley.
b) La dignidad de la persona, el desarrollo limitado de la personalidad y el respeto a la ley.
c) El respeto a la ley, a los reglamentos administrativos y demás disposiciones legales.
d) La dignidad de la persona, los derechos inviolables que le son inherentes, el libre desarrollo de su personalidad, el respeto a la ley y a los derechos de los demás.

10. ¿Cuál de los siguientes es considerado por la CE como uno de los valores superiores del ordenamiento jurídico?

a) La jerarquía normativa.
b) El pluralismo político.
c) La publicidad normativa.
d) La equidad.

11. La forma política del Estado español es:

a) Democracia parlamentaria.
b) Gobierno parlamentario.
c) Monarquía parlamentaria.
d) República democrática.

12. ¿Cuántos Senadores corresponderán a Menorca?

a) 1.
b) 2.
c) 3.
d) 4.

13. Según la CE, la soberanía nacional:

a) Corresponde a las Cortes Generales, al estar compuestas por los representantes del pueblo.
b) Corresponde al Rey.
c) Reside en el pueblo español.
d) Corresponde al Gobierno de la Nación elegido directamente por el pueblo.

14. El derecho a la propiedad en nuestra Constitución es un Derecho:

a) Inherente a la condición humana.
b) Absoluto.
c) Limitado por la función social de la misma.
d) Ninguna de las respuestas anteriores es correcta.

15. ¿En qué parte de la Carta Magna se señalan los valores superiores del ordenamiento jurídico?

a) En el Preámbulo.
b) En el Título Preliminar.
c) En el Título I.
d) Ninguna respuesta es correcta.

16. ¿Cuál de las siguientes es una de las características de nuestra Constitución de 1978?

a) Consensuada.
b) Corta.
c) Conservadora.
d) Originalidad.

17. El Gobierno de la Nación, en relación con los Presupuestos Generales del Estado:

a) Los aprueba.
b) Los convalida.
c) Aprueba su Proyecto de Ley.
d) Los ratifica.

18. ¿Qué quedará excluido de extradición?

a) Los delitos criminales.
b) Los delitos políticos.
c) Los actos de terrorismo.
d) Ninguno.

19. ¿Qué debe ser democrático, a tenor de lo dispuesto en la Constitución Española, en los sindicatos de trabajadores y las asociaciones empresariales?

a) Su funcionamiento.
b) Su estructura interna.
c) Su funcionamiento y estructura interna.
d) Sus órganos asamblearios.

20. ¿De cuántos Capítulos consta el Título I de la CE de 1978?

a) De tres.
b) De cinco.
c) De dos.
d) De cuatro.

En MADTEST tienes **más preguntas de este tema,** y todos tus avances quedan registrados y se reflejan en el ranking.

¡Supera tus límites con MADTEST!

Solución al test n.º 1

1. b) En la indisoluble unidad de la Nación española.

2. c) Tienen el deber de conocer y el derecho de usar el castellano.

3. d) De las nacionalidades y regiones que la integran.

4. d) Las respuestas b) y c) son correctas.

5. b) Igualdad y progresividad.

6. b) En el Preámbulo.

7. a) El Rey.

8. d) Ningún español de origen podrá ser privado de su nacionalidad.

9. d) La dignidad de la persona, los derechos inviolables que le son inherentes, el libre desarrollo de su personalidad, el respeto a la ley y a los derechos de los demás.

10. b) El pluralismo político.

11. c) Monarquía parlamentaria.

12. a) 1.

13. c) Reside en el pueblo español.

14. c) Limitado por la función social de la misma.

15. b) En el Título Preliminar.

16. a) Consensuada.

17. c) Aprueba su Proyecto de Ley.

18. b) Los delitos políticos.

19. c) Su funcionamiento y estructura interna:

20. b) De cinco.

TEST N.º 2

El Estatuto de Autonomía en Aragón. Principios informadores. Estructura y contenido. La organización institucional de la Comunidad Autónoma. Las Cortes y el Justicia de Aragón. Las competencias de la Comunidad de Aragón con especial referencia a las relativas a sanidad

1. Los poderes de la Comunidad Autónoma de Aragón emanan:

a) Del pueblo Aragonés y del Español.
b) Del Pueblo Aragonés y del Estatuto de Autonomía.
c) Del pueblo Aragonés y de la Constitución.
d) De la Nación Aragonesa.

2. La Constitución define los Estatutos de Autonomía como:

a) La norma fundamental de la Comunidad Autónoma.
b) La norma Institucional básica de cada Comunidad Autónoma que el Estado reconoce y ampara como parte integrante de su Ordenamiento Jurídico.
c) La norma Institucional básica de cada Comunidad Autónoma de su Ordenamiento Jurídico Especifico.
d) La norma fundamental de cada Comunidad Autónoma amparada por el Estado.

3. ¿Qué rango normativo tiene el Estatuto de Autonomía de Aragón?

a) Ley Orgánica.
b) Ley de Bases.
c) Ley.
d) Decreto-Ley.

4 ¿Cómo se define a Aragón en el Estatuto de Autonomía?

a) Nacionalidad.
b) Nación.
c) Nacionalidad Histórica.
d) Realidad nacional.

5. ¿Quiénes gozan de la condición política de aragoneses?

a) Los ciudadanos españoles.

b) Los ciudadanos españoles que tengan la vecindad administrativa en cualquier de los municipios de Aragón o cumplan los requisitos que la legislación pueda establecer.

c) Todos aquellos que tengan vecindad en cualquiera de los municipios de Aragón.

d) Los ciudadanos españoles que tengan vecindad administrativa en cualquier de los municipios de Aragón.

6. Según el Estatuto de Autonomía, los derechos y libertades de los Aragoneses y Aragonesas son:

a) Los reconocidos en la Constitución, los incluidos en la declaración universal de los Derecho Humanos y en los demás instrumentos internacionales de protección de los mismos suscritos y ratificados por España, así como los establecidos en el ámbito de la Comunidad Autónoma por el Estatuto.

b) Los reconocidos en la Constitución, los incluidos en la Carta de Derechos de la Unión Europea y en los demás instrumentos internacionales de protección de los mismos suscritos y ratificados por España, así como los establecidos en el ámbito de la Comunidad Autónoma por el presente estatuto.

c) Los reconocidos en la Constitución, los incluidos en la declaración universal de los Derecho Humanos y en los demás instrumentos internacionales de protección de los mismos suscritos y ratificados por Aragón.

d) Ninguna es correcta.

7. ¿Cómo se estructura el articulado del Estatuto de Autonomía de Aragón?

a) En un preámbulo, nueve títulos, seis disposiciones adicionales, cinco disposiciones transitorias, una disposición derogatoria y una disposición final.

b) En un título preliminar y nueve títulos.

c) En nueve títulos, cinco disposiciones adicionales y una disposición derogatoria.

d) En diez títulos, seis disposiciones adicionales y una disposición final.

8. ¿A quién es aplicable del Derecho Foral Aragonés?

a) A los residentes en Aragón.

b) A los que ostenten la vecindad civil aragonesa residentes en Aragón.

c) A los españoles residentes en Aragón.

d) A los que ostenten la vecindad aragonesa independientemente del lugar de su residencia.

9. Aragón se estructura territorialmente en:

a) Municipios, Comarcas y Provincias.

b) Provincias.

c) Provincias y Municipios.

d) Provincias y Comarcas.

10. El territorio de la Comunidad Autónoma se corresponde:

a) Con el de las provincias de Zaragoza, Huesca y Teruel.
b) Con el de las comarcas de Aragón.
c) Con el histórico de Aragón comprendiendo el de los municipios, comarcas y provincias de Huesca, Teruel y Zaragoza.
d) Con el de los municipios de Aragón.

11. No es un principio político y administrativo derivado de la Constitución en relación con el Estatuto de Autonomía de Aragón:

a) Principio de unidad coordinación y cooperación institucional.
b) Principio de equilibrio territorial.
c) Principio democrático.
d) Principio de exclusividad del derecho estatal.

12. Según el Estatuto de Autonomía de Aragón los derechos, libertades y deberes de los Aragoneses y Aragonesas son:

a) Los establecidos en la Constitución y en la Declaración Universal de los derechos del Hombre.
b) Los establecidos en la Constitución y en el propio Estatuto de Autonomía de Aragón.
c) Exclusivamente los establecidos en el Estatuto de Autonomía de Aragón.
d) Todos son correctos.

13. En relación con la salud, ¿a qué tienen derecho los usuarios del sistema público de salud según el Estatuto de Autonomía de Aragón?

a) A la libre elección de médico y centro sanitario, en los términos que establecen las leyes.
b) A acceder a los Servicios Públicos y Privados de Salud.
c) A acceder a los Servicios Públicos de Salud en condiciones de igualdad.
d) A la asistencia sanitaria gratuita.

14. ¿Quiénes tienen derecho, según el Estatuto de Autonomía de Aragón, al acceso en condiciones de igualdad a unos Servicios Públicos de calidad?

a) Todos los ciudadanos.
b) Los españoles y ciudadanos europeos.
c) Todas las personas.
d) Los ciudadanos españoles y extranjeros.

15. La ordenación y organización de los servicios de justicia gratuita y orientación jurídica gratuita en el territorio de Aragón corresponde:

a) A la Comunidad Autónoma de Aragón.
b) Al Estado.

c) Al Consejo General del poder Judicial.
d) Al ministerio de Justicia.

16. Son instituciones de la Comunidad Autónoma de Aragón:

a) Las Cortes y el Justicia.
b) El Presidente.
c) El Gobierno o la Diputación General.
d) Todas las anteriores lo son.

17. El Presidente del Tribunal Superior de Justicia de Aragón es nombrado:

a) Por el Presidente de Aragón a propuesta del Consejo General del Poder Judicial.
b) Por el Rey a propuesta del Presidente de Aragón.
c) Por el Presidente del Gobierno de España a propuesta del Consejo de Justicia de Aragón.
d) Ninguna de las anteriores es correcta.

18. Las Cortes de Aragón son:

a) Soberanas.
b) Inviolables.
c) Independientes.
d) Autónomas.

19. ¿A quién corresponde el examen, enmienda, aprobación y control del presupuesto de la Comunidad Autónoma de Aragón?

a) A las Cortes de Aragón.
b) Al Gobierno de Aragón.
c) A las Cortes Generales.
d) Al Gobierno de España.

20. Según el Estatuto de Autonomía de Aragón la iniciativa legislativa corresponde:

a) A los miembros de las Cortes de Aragón y al Gobierno de Aragón.
b) A los miembros de las Cortes de Aragón y al Congreso de los Diputados.
c) Al Gobierno de España y al Gobierno de Aragón.
d) A las Cortes de Aragón y al Senado.

En MADTEST tienes **más preguntas de este tema**, y todos tus avances quedan registrados y se reflejan en el ranking.

¡Supera tus límites con MADTEST!

Solución al test n.º 2

1. c) Del pueblo Aragonés y de la Constitución.

2. b) La norma Institucional básica de cada Comunidad Autónoma que el Estado reconoce y ampara como parte integrante de su Ordenamiento Jurídico.

3. a) Ley Orgánica.

4. c) Nacionalidad Histórica.

5. b) Los ciudadanos españoles que tengan la vecindad administrativa en cualquiera de los municipios de Aragón o cumplan los requisitos que la legislación pueda establecer.

6. a) Los reconocidos en la Constitución, los incluidos en la declaración universal de los Derecho Humanos y en los demás instrumentos internacionales de protección de los mismos suscritos y ratificados por España, así como los establecidos en el ámbito de la Comunidad Autónoma por el Estatuto.

7. b) En un título preliminar y nueve títulos.

8. d) A los que ostenten la vecindad aragonesa independientemente del lugar de su residencia.

9. a) Municipios, Comarcas y Provincias.

10. c) Con el histórico de Aragón comprendiendo el de los municipios, comarcas y provincias de Huesca, Teruel y Zaragoza.

11. d) Principio de exclusividad del derecho estatal.

12. b) Los establecidos en la Constitución y en el propio Estatuto de Autonomía de Aragón.

13. a) A la libre elección de médico y centro sanitario, en los términos que establecen las leyes.

14. c) Todas las personas.

15. a) A la Comunidad Autónoma de Aragón.

16. d) Todas las anteriores lo son.

17. d) Ninguna de las anteriores es correcta.

18. b) Inviolables.

19. a) A las Cortes de Aragón.

20. a) A los miembros de las Cortes de Aragón y al Gobierno de Aragón.

TEST N.º 3

Población, geografía y territorio en Aragón. Desequilibrios demográficos en Aragón. Magnitudes más relevantes de la economía aragonesa. Evolución reciente de la actividad económica en Aragón

1. En relación con las definiciones que la Ley de la Administración Local y la Ley de Comarcalización de Aragón establecen sobre territorio y población, señala la alternativa de respuesta incorrecta:

a) El conjunto de vecinos constituye la población del municipio.

b) Son vecinos de un municipio las personas que residen habitualmente en el mismo, se encuentren o no inscritas en el padrón municipal.

c) El término municipal es el ámbito territorial en el que ejerce sus competencias el municipio.

d) El territorio de cada comarca deberá coincidir con los espacios geográficos en que se estructuren las relaciones básicas de la actividad económica y cuya población esté vinculada por características sociales, historia y tradición comunes que definan bases peculiares de convivencia.

2. La ordenación del territorio es una materia:

a) De competencia compartida entre el Estado y la Comunidad Autónoma de Aragón.

b) De competencia ejecutiva de Aragón.

c) De competencia exclusiva de la Comunidad Autónoma de Aragón.

d) De competencia concurrente entre el Estado y Aragón.

3. ¿En qué disposición se encuentra regulada la función pública de ordenación del territorio en la Comunidad Autónoma de Aragón?

a) En el Decreto legislativo 1/2006, de 27 de diciembre.

b) En la Ley orgánica 5/2007, de 20 de abril.

c) En la Ley 4/2009, de 22 de junio.

d) En el Decreto legislativo 2/2015, de 17 de noviembre.

4. Determinados espacios de la Comunidad Autónoma requieren de una ordenación territorial específica, como ocurre con:

a) Los espacios que presentan densidades de población más bajas o altos índices de envejecimiento.

b) Los espacios vacíos.

c) Los antiguos espacios fronterizos.

d) Todas las respuestas anteriores son correctas.

5. ¿Cuál de las siguientes no constituye una estrategia de ordenación del territorio europeo?

a) El desarrollo territorial policéntrico y equilibrado y una nueva relación entre campo y ciudad.

b) Interdependencia y coordinación administrativa.

c) El acceso equivalente a las infraestructuras y al conocimiento.

d) La gestión prudente del patrimonio natural y cultural.

6. ¿Cuál de los siguientes enunciados está relacionado con la estrategia del desarrollo territorial policéntrico y equilibrado y una nueva relación entre campo y ciudad?

a) Se hace necesario incidir en los territorios que, en su dimensión comarcal, se encuentran en situación crítica debido a su baja densidad demográfica, donde se hace más necesaria, si cabe, la configuración de un nuevo equilibrio demográfico.

b) Parece necesario aprovechar la renta de situación aragonesa, impulsando sus comunicaciones con el resto de la Península Ibérica, así como con el centro de Europa a través de los Pirineos, e incrementar la accesibilidad de todas las comarcas.

c) Hay que articular un desarrollo sostenible de los recursos energéticos existentes, en particular de los recursos renovables, y evaluar los usos permitidos en relación con los riesgos naturales e inducidos y los impactos que esos usos puedan provocar en el territorio aragonés.

d) Se debe garantizar que la población pueda intervenir en aquellos instrumentos de planeamiento territorial que le afecten.

7. ¿Cuál de los siguientes no es un objetivo de ordenación territorial en Aragón?

a) Promover el desarrollo sostenible de la Comunidad Autónoma, haciendo compatible en todo su territorio la gestión, protección y mejora del patrimonio natural y cultural con la competitividad económica, el fortalecimiento de la cohesión social y el equilibrio demográfico.

b) Establecer condiciones de calidad de vida equivalentes para todos los habitantes de la Comunidad Autónoma con independencia de su lugar de residencia, haciendo efectiva la cohesión territorial y social.

c) Tutela ambiental, por medio de la protección activa del medio natural y del patrimonio cultural, con particular atención a la gestión de los recursos hídricos y del paisaje, y la evaluación de los riesgos naturales e inducidos.

d) Asignar racionalmente los usos del suelo en función de las aptitudes del medio físico y de las necesidades de la población, así como proporcionar criterios de interés general y social para la ubicación de las infraestructuras, los equipamientos y los servicios, fomentando la coordinación de los sectores implicados.

8. En relación con las estrategias de ordenación del territorio en Aragón, señala la respuesta incorrecta:

a) El policentrismo a través de la garantía de un acceso equivalente, eficaz y sostenible a infraestructuras, equipamientos, dotaciones y servicios, en especial mediante redes de transporte integrado, de tecnologías de la información y la comunicación y de difusión cultural.

b) La interdependencia y coordinación administrativa, basada en la evaluación y supervisión territoriales, prestando atención permanente a las entidades locales, así como al entorno territorial de Aragón, integrado por las Comunidades Autónomas limítrofes, el Estado, el ámbito de cooperación transfronteriza con las entidades territoriales francesas y la Unión Europea.

c) La accesibilidad, garantizando que la población pueda intervenir en aquellos instrumentos de planeamiento territorial que le afecten.

d) La tutela ambiental mediante el desarrollo de un sistema urbano equilibrado y policéntrico y de una asociación cooperativa e integrada entre los núcleos urbanos y los espacios rurales, fundamentada en la organización comarcal.

9. Según los Datos básicos de Aragón, ¿qué porcentaje de municipios están ubicados en zonas de montaña?

a) 9,4 %.
b) 40,1 %.
c) 60,3 %.
d) 1,1 %.

10. ¿En cuántas comarcas se organiza la administración comarcal de Aragón?

a) 33.
b) 41.
c) 50.
d) 36.

11. Según el Instituto Aragonés de Estadística, ¿qué porcentaje de la población aragonesa se concentra en las zonas urbanas?

a) 40,01 %.
b) 13,8 %.
c) 1,9 %.
d) 70,3 %.

12. ¿Cómo se califican a las zonas formadas por municipios de más de 10.000 habitantes?

a) Rurales.
b) Intermedias.
c) Urbanas.
d) Periurbanas.

13. Según el Instituto Aragonés de Estadística, ¿cuál es el tramo de edad con mayor presencia, tanto de mujeres como de hombres, en la población de Aragón?

a) De 35 a 54 años.
b) De 55 a 64 años.
c) De 65 a 84 años.
d) 85 y más años.

14. De la población extranjera empadronada en municipios aragoneses, ¿cuál es la procedencia que representa el porcentaje más elevado de extranjeros?

a) África.
b) Asia.
c) Europa.
d) América.

15. El fenómeno de la macrocefalia se refiere:

a) A la tenencia de saldo vegetativo negativo en Aragón.
b) A la superpoblación de los municipios próximos a la capital autonómica.
c) Al desequilibrio territorial.
d) Al envejecimiento de la población en las zonas con menor densidad de población.

16. A los efectos de la aplicación de la Ley 45/2007, de 13 de diciembre, para el desarrollo sostenible del medio rural en Aragón, cada comarca equivale a una zona rural. ¿Cuál de las siguientes comarcas tiene la consideración de zona rural a revitalizar?

a) Bajo Aragón.
b) Campo de Cariñena.
c) Tarazona y el Moncayo.
d) Ribera Alta del Ebro.

17. Según la Ley 45/2007, de 13 de diciembre, ¿cuál es una característica propia de las zonas rurales periurbanas?

a) Zonas en las que predomina el empleo en el sector terciario.
b) Zonas con una densidad de población media.
c) Zonas con escasa densidad de población.
d) Zonas con bajos niveles de renta.

18. En aplicación de la Ley 45/2007, ¿cuál de las siguientes comarcas no tiene la consideración de zona rural intermedia?

a) Hoya de Huesca.
b) Litera.
c) Aranda.
d) Valdejalón.

19. El Plan de Zona en el que se deja constancia de la estrategia de desarrollo rural establecida para esa comarca se aprueba:

a) Por el Gobierno de Aragón.
b) Por la Administración General del Estado.
c) Por las Entidades Locales implicadas.
d) Por el Gobierno de Aragón y la Administración General del Estado.

20. ¿Cuál de las siguientes constituye una causa del fenómeno de la despoblación en Aragón?

a) El crecimiento vegetativo negativo.
b) El abandono de los pueblos.
c) La elevada dispersión de la población.
d) El acceso a los servicios públicos.

En MADTEST tienes **más preguntas de este tema**, y todos tus avances quedan registrados y se reflejan en el ranking.

¡Supera tus límites con MADTEST!

Solución al test n.º 3

1. b) Son vecinos de un municipio las personas que residen habitualmente en el mismo, se encuentren o no inscritas en el padrón municipal.

2. c) De competencia exclusiva de la comunidad autónoma de Aragón.

3. d) En el Decreto legislativo 2/2015, de 17 de noviembre.

4. d) Todas las respuestas anteriores son correctas.

5. b) Interdependencia y coordinación administrativa.

6. a) Se hace necesario incidir en los territorios que, en su dimensión comarcal, se encuentran en situación crítica debido a su baja densidad demográfica, donde se hace más necesaria, si cabe, la configuración de un nuevo equilibrio demográfico.

7. c) Tutela ambiental, por medio de la protección activa del medio natural y del patrimonio cultural, con particular atención a la gestión de los recursos hídricos y del paisaje, y la evaluación de los riesgos naturales e inducidos.

8. b) La interdependencia y coordinación administrativa, basada en la evaluación y supervisión territoriales, prestando atención permanente a las entidades locales, así como al entorno territorial de Aragón, integrado por las Comunidades Autónomas limítrofes, el Estado, el ámbito de cooperación transfronteriza con las entidades territoriales francesas y la Unión Europea.

9. b) 40,1%.

10. a) 33.

11. d) 70,3 %.

12. c) Urbanas.

13. a) De 35 a 54 años.

14. c) Europa.

15. b) A la superpoblación de los municipios próximos a la capital autonómica.

16. c) Tarazona y el Moncayo.

17. a) Zonas en las que predomina el empleo en el sector terciario.

18. d) Valdejalón.

19. d) Por el Gobierno de Aragón y la Administración General del Estado.

20. a) El crecimiento vegetativo negativo.

TEST N.º 4

La igualdad de oportunidades entre mujeres y hombres en Aragón: Disposiciones generales. Prevención y Protección Integral a las Mujeres Víctimas de Violencia en Aragón: Disposiciones Generales. La identidad y expresión de género e igualdad social y no discriminación en la Comunidad Autónoma de Aragón: Disposiciones Generales. La diversidad cultural y lucha contra la discriminación: Principios y objetivos del Plan Integral para la Gestión de la Diversidad vigente en Aragón

1. Según el artículo 9.2 de la Constitución: "corresponde a los poderes públicos .... las condiciones para que la libertad y la igualdad del individuo y de los grupos en que se integra sean reales y efectivas; .... los obstáculos que impidan o dificulten su plenitud y .... la participación de todos los ciudadanos en la vida política, económica, cultural y social". Qué 3 verbos faltan en la anterior frase:

a) Promover, remover y facilitar.
b) Impulsar, superar y posibilitar.
c) Crear, eliminar y alentar.
d) Facilitar, disminuir y promover.

2. La ley que regula a nivel estatal la igualdad efectiva de mujeres y hombres, es:

a) La Ley 3/2007, de 12 de marzo.
b) La Ley orgánica 22/2007, de 3 de abril.
c) La Ley orgánica 3/2007, de 22 de marzo.
d) El Decreto Legislativo 7/2003, de 23 de mayo.

3. Señala la opción incorrecta. Según el artículo 3 de la LO 3/2007, el principio de igualdad de trato entre mujeres y hombres supone la ausencia de toda discriminación, directa o indirecta, por razón de sexo, y especialmente, las derivadas de:

a) La maternidad.
b) La tendencia sexual.
c) La asunción de obligaciones familiares.
d) El estado civil.

4. Según el artículo 4 de la LO 3/2007, la igualdad de trato y de oportunidades entre mujeres y hombres:

a) Es un deber de las Administraciones Públicas.
b) Es una fuente formal del Derecho.
c) Es un principio informador del ordenamiento jurídico.
d) Es un objetivo fundamental del procedimiento administrativo.

5. La situación en que se encuentra una persona que sea, haya sido o pudiera ser tratada, en atención a su sexo, de manera menos favorable que otra en situación comparable, se considera:

a) Discriminación directa.
b) Acoso sexual.
c) Discriminación indirecta.
d) Violencia de género.

6. Una diferencia de trato basada en una característica relacionada con el sexo ¿constituye discriminación en el acceso al empleo?

a) Sí, en todo caso.
b) No, siempre que la formación necesaria se base en dicha característica.
c) No, siempre que dicha característica constituya un requisito profesional esencial y determinante.
d) No, si debido a la naturaleza de las actividades profesionales concretas o al contexto en el que se lleven a cabo, dicha característica constituya un requisito profesional esencial y determinante, siempre y cuando el objetivo sea legítimo y el requisito proporcionado.

7. A los efectos de la LO 3/2007, definimos como acoso sexual:

a) Cualquier comportamiento realizado en función del sexo de una persona, con el propósito o el efecto de atentar contra su dignidad y de crear un entorno intimidatorio, degradante u ofensivo.
b) La situación en que una disposición, criterio o práctica aparentemente neutros pone a personas de un sexo en desventaja particular con respecto a personas del otro, salvo que dicha disposición, criterio o práctica puedan justificarse objetivamente en atención a una finalidad legítima y que los medios para alcanzar dicha finalidad sean necesarios y adecuados.
c) Todo trato desfavorable a las mujeres relacionado con el embarazo o la maternidad.
d) Cualquier comportamiento, verbal o físico, de naturaleza sexual que tenga el propósito o produzca el efecto de atentar contra la dignidad de una persona, en particular cuando se crea un entorno intimidatorio, degradante u ofensivo.

8. Según el artículo 10 de la LO 3/2007, los actos y las cláusulas de los negocios jurídicos que constituyan o causen discriminación por razón de sexo se considerarán:

a) Válidos, pero anulables.
b) Nulos y sin efecto.

c) Ilegales.
d) Nulos, pero con efectos.

9. Conforme al artículo 12 de la LO 3/2007, cualquier persona podrá recabar de los tribunales la tutela del derecho a la igualdad entre mujeres y hombres, de acuerdo con lo establecido en el artículo 53.2 de la Constitución:

a) Siempre que la relación en la que supuestamente se produce la discriminación se encuentre vigente.
b) Incluso tras la terminación de la relación en la que supuestamente se ha producido la discriminación.
c) Siempre que se haya dado por terminada la relación en la que supuestamente se produce la discriminación.
d) A menos que se haya procedido a la suspensión de la relación en la que supuestamente se produce la discriminación.

10. La capacidad y la legitimación para intervenir en los procesos civiles, sociales y contencioso-administrativos que versen sobre la defensa del derecho de igualdad entre mujeres y hombres, corresponden a:

a) La persona acosada, únicamente.
b) Cualquier ciudadano.
c) Las personas físicas y jurídicas con interés legítimo.
d) Cualquier persona jurídica.

11. La Disposición Adicional Primera de la LO 3/2007, determina que se entenderá por composición equilibrada la presencia de mujeres y hombres de forma que, en el conjunto al que se refiera, las personas de cada sexo:

a) No superen el 55 % ni sean menos del 45 %.
b) No superen el 70 % ni sean menos del 30 %.
c) No superen el 60 % ni sean menos del 40 %.
d) No superen el 65 % ni sean menos del 35 %.

12. Según el artículo 1 de la Ley 7/2018, de 28 de junio, de igualdad de oportunidades entre mujeres y hombres en Aragón, esta ley tiene por objeto hacer efectivo el derecho de igualdad de trato y de oportunidades entre mujeres y hombres en la Comunidad Autónoma de Aragón, en desarrollo de los artículos 9.2, 14 y 23 de la Constitución, y 6.2, 11.3, 24.c) y 73.37.ª del Estatuto de Autonomía de Aragón, y mediante las medidas necesarias, remover los obstáculos que impidan o dificulten su .... para avanzar hacia una sociedad aragonesa más libre, justa, democrática y solidaria. Señalar la palabra que falta en la frase.

a) Plenitud.
b) Ejecución.

c) Aplicación.

d) Extensión.

13. ¿Es de aplicación la Ley 7/2018, de 28 de junio, de igualdad de oportunidades entre mujeres y hombres en Aragón a las entidades privadas de Aragón?

a) No, sólo es aplicable a personas físicas.

b) No, sólo es aplicable a la Administración de la Comunidad Autónoma de Aragón y sus organismos autónomos, y a las entidades que conforman el sector público del Gobierno de Aragón.

c) Sí, es aplicable por igual a todas las personas físicas y jurídicas establecidas en la Comunidad Autónoma de Aragón.

d) Es de aplicación a las entidades privadas que suscriban contratos o convenios de colaboración con las Administraciones públicas de Aragón o sean beneficiarias de ayudas o subvenciones concedidas por ellas.

14. Según el artículo 3 de la Ley 7/2018, un principio general de actuación de los poderes públicos de Aragón es el establecimiento de medidas para la conciliación de vida laboral, familiar y personal de mujeres y hombres, potenciando:

a) La corresponsabilidad.

b) La estabilidad en el empleo.

c) La igualdad de salarios.

d) La representación equilibrada.

15. Es una categoría que estructura la variable hombre y mujer y que viene referida a las diferencias biológicas, anatómicas y fisiológicas entre mujeres y hombres:

a) Género.

b) Sexualidad.

c) Sexo.

d) Sexismo.

16. Tal como lo define el artículo 4 de la Ley 7/2018, es la manifestación e institucionalización del dominio masculino sobre una supuesta inferioridad biológica de las mujeres, que históricamente se ha encargado de exhibir una distribución desigual del poder en favor de los hombres y que tiende a acentuar esta diferencia para conservar y conseguir más privilegios:

a) Patriarcado.

b) Machismo.

c) Sexismo.

d) Acoso sexual.

17. Educar en relación, según el artículo 4 de la Ley 7/2018, es la necesidad de que exista .... entre personas distintas en el ámbito educativo para poder generar comportamientos y relaciones igualitarias. Señalar la palabra que falta en la frase.

a) Integración.
b) Convivencia.
c) Comprensión.
d) Intercambio.

18. La protección jurídica frente a la violencia de género se articuló a nivel estatal a través de:

a) Ley Orgánica 1/2004, de 28 de diciembre.
b) Ley Orgánica 4/2001, de 8 de octubre.
c) Ley Orgánica 2/2008, de 14 de diciembre.
d) Ley Orgánica 10/2002, de 4 de octubre.

19. Según el artículo 1 de la Ley 4/2007, de 22 de marzo, de Prevención y Protección Integral a las Mujeres Víctimas de Violencia en Aragón, el objeto de esta Ley es la adopción de medidas integrales dirigidas a la ...., prevención y erradicación de la violencia ejercida sobre las mujeres, así como la protección, asistencia y seguimiento a las víctimas de violencia ejercida contra la mujer. Señalar la palabra que falta en la frase.

a) Evaluación.
b) Sensibilización.
c) Visibilización.
d) Marginación.

20. Siguiendo el artículo 2 de la Ley 4/2007, cuál de las siguientes formas de violencia incluye cualquier acto intencional de fuerza contra el cuerpo de la mujer, con resultado o riesgo de producir lesión física o daño en la víctima:

a) Abuso sexual.
b) Malos tratos sexuales.
c) Acoso sexual.
d) Malos tratos físicos.

En MADTEST tienes **más preguntas de este tema**, y todos tus avances quedan registrados y se reflejan en el ranking.

¡Supera tus límites con MADTEST!

Solución al test n.º 4

1. a) Promover, remover y facilitar.

2. c) La Ley orgánica 3/2007, de 22 de marzo.

3. b) La tendencia sexual.

4. c) Es un principio informador del ordenamiento jurídico.

5. a) Discriminación directa.

6. d) No, si debido a la naturaleza de las actividades profesionales concretas o al contexto en el que se lleven a cabo, dicha característica constituya un requisito profesional esencial y determinante, siempre y cuando el objetivo sea legítimo y el requisito proporcionado.

7. d) Cualquier comportamiento, verbal o físico, de naturaleza sexual que tenga el propósito o produzca el efecto de atentar contra la dignidad de una persona, en particular cuando se crea un entorno intimidatorio, degradante u ofensivo.

8. b) Nulos y sin efecto.

9. b) Incluso tras la terminación de la relación en la que supuestamente se ha producido la discriminación.

10. c) Las personas físicas y jurídicas con interés legítimo.

11. c) No superen el 60 % ni sean menos del 40 %.

12. a) Plenitud.

13. d) Es de aplicación a las entidades privadas que suscriban contratos o convenios de colaboración con las Administraciones públicas de Aragón o sean beneficiarias de ayudas o subvenciones concedidas por ellas.

14. a) La corresponsabilidad.

15. c) Sexo.

16. a) Patriarcado.

17. b) Convivencia.

18. a) Ley Orgánica 1/2004, de 28 de diciembre.

19. b) Sensibilización.

20. d) Malos tratos físicos.

TEST N.º 5

La Ley General de Sanidad: El Sistema Nacional de Salud y los Servicios de Salud de las Comunidades Autónomas. El Área de Salud. La Ley de Salud de Aragón: Principios rectores. Derechos y deberes de los ciudadanos. Derechos de información sobre la salud y autonomía del paciente

1. El Sistema Nacional de Salud es:

a) El operador que regula los aspectos básicos de las profesiones sanitarias tituladas en lo que se refiere a su ejercicio por cuenta propia o ajena.

b) Los centros, servicios y establecimientos de la propia Comunidad, Diputaciones, Ayuntamientos y cualesquiera otras Administraciones territoriales intracomunitarias, que estará gestionado bajo la responsabilidad de la respectiva Comunidad Autónoma.

c) El conjunto de los Servicios de Salud de la Administración del Estado y de los Servicios de Salud de las Comunidades Autónomas .

d) La ordenación territorial de los Servicios de Salud del Estado, de las comunidades autónomas y de las organizaciones y entidades privadas.

2. ¿De cuántos artículos consta la Ley 14/1986 de 25 de abril, General de Sanidad?

a) 109.
b) 111.
c) 113.
d) 116.

3. La Ley 14/1986 de 25 de abril, General de Sanidad, se estructura en:

a) Un Título Preliminar, siete Títulos, diez Disposiciones Adicionales, seis Disposiciones Transitorias, dos Disposiciones Derogatorias y dieciséis Disposiciones Finales.

b) Un Título Preliminar, seis Títulos, diez Disposiciones Adicionales, siete Disposiciones Transitorias, dos Disposiciones Derogatorias y dieciséis Disposiciones Finales.

c) Un Título Preliminar, siete Títulos, diez Disposiciones Adicionales, siete Disposiciones Transitorias, tres Disposiciones Derogatorias y dieciséis Disposiciones Finales.

d) Un Título Preliminar, siete Títulos, diez Disposiciones Adicionales, seis Disposiciones Transitorias, tres Disposiciones Derogatorias y dieciséis Disposiciones Finales.

4. ¿Qué artículo de nuestra Carta Magna reconoce el derecho a la protección de la salud?

a) El art. 9.1.
b) El art. 9.2.
c) El art. 43.1.
d) El art. 49.1.

5. La Ley 14/1986, de 25 de abril, General de Sanidad, establece que las piezas básicas de los Servicios de Salud de las Comunidades Autónomas son:

a) Las Áreas de Salud.
b) Los Distritos Sanitarios.
c) Las Comarcas Sanitarias.
d) Las Zonas de Salud.

6. La Ley 14/1986, de 25 de abril, General de Sanidad, tiene como objeto:

a) Establecer el marco legal para las acciones de coordinación y cooperación de las Administraciones públicas sanitarias, en el ejercicio de sus respectivas competencias.
b) La regulación de los aspectos básicos de las profesiones sanitarias tituladas.
c) La regulación de los derechos y obligaciones de los pacientes, usuarios y profesionales, así como de los centros y servicios sanitarios, públicos y privados.
d) La regulación general de todas las acciones que permitan hacer efectivo el derecho a la protección de la salud reconocido en el artículo 43 de la Constitución Española.

7. Las Áreas de Salud se delimitan teniendo en cuenta factores:

a) Climatológicos y de dotación de vías y medios de comunicación.
b) Geográficos y demográficos.
c) Socioeconómicos y culturales.
d) Todas las respuestas son correctas.

8. Como regla general el área de salud extenderá su acción a una población:

a) No inferior a 100.000 habitantes ni superior a 150.000.
b) No inferior a 200.000 habitantes ni superior a 250.000.
c) No inferior a 250.000 habitantes ni superior a 300.000.
d) No inferior a 300.000 habitantes ni superior a 500.000.

9. ¿Qué Comunidades Autónomas y/o Ciudades Autónomas se exceptúan de la regla que hemos visto en la pregunta anterior, pudiéndose acomodar a sus específicas peculiaridades?

a) Baleares, Ceuta y Melilla.
b) Baleares y Canarias.

c) Canarias, Ceuta y Melilla.
d) Baleares, Canarias, Ceuta y Melilla.

10. Según dispone al artículo 56.5 LGS, cada provincia tendrá, en todo caso y como mínimo:

a) Un área de salud.
b) Dos áreas de salud.
c) Tres áreas de salud.
d) Cuatro áreas de salud.

11. ¿Cómo se denomina el órgano de participación de las Áreas de Salud?

a) Consejo de salud de área.
b) Consejo de dirección de área.
c) Comisión de salud del área.
d) Comité de Participación del Área de Salud.

12. Los Consejos de salud de área estarán constituidos por:

a) Las organizaciones sindicales más representativas, en una proporción no inferior al 50 %, a través de los profesionales sanitarios titulados.
b) La representación de los ciudadanos a través de las Corporaciones Locales comprendidas en su demarcación, que supondrá el 25 % de sus miembros.
c) La Administración sanitaria del área de salud.
d) Todas las respuestas son correctas.

13. El Gerente del área de salud será nombrado y cesado por la dirección del servicio de salud de la Comunidad Autónoma, a propuesta de:

a) El Consejo de dirección del área.
b) El Consejo de salud del área.
c) La Consejería de Sanidad de la Comunidad Autónoma.
d) El Consejo de Gerencia de la zona.

14. ¿A quién corresponde, según dispone el art. 60.3 LGS, presentar los anteproyectos del Plan de Salud y de sus adaptaciones anuales así como el proyecto de memoria anual del área de salud?

a) Al Consejo de salud del área.
b) Al Consejo de dirección del área.
c) Al Gerente del área de salud.
d) A las Consejerías de Sanidad de las Comunidades Autónomas.

15. Señala cuál de las siguientes es una de las funciones de los Consejos de Salud:

a) Conocer e informar el anteproyecto del Plan de Salud del área y de sus adaptaciones anuales.
b) Conocer e informar la memoria anual del área de salud.
c) Verificar la adecuación de las actuaciones en el área de salud a las normas y directrices de la política sanitaria y económica.
d) Todas las respuestas son correctas.

16. El Consejo de Salud de Área contará con la representación de los ciudadanos a través de las Corporaciones Locales comprendidas en su demarcación, que supondrá el:

a) 30 % de sus miembros.
b) 50 % de sus miembros.
c) 25 % de sus miembros.
d) 40 % de sus miembros.

17. ¿Qué porcentaje de los miembros del Consejo de dirección representan a la Comunidad Autónoma?

a) El 60 %.
b) El 50 %.
c) El 40 %.
d) El 25 %.

18. Según el artículo 14 del Estatuto de Autonomía de Aragón (Ley Orgánica 5/2007, de 20 de abril), todas las personas tienen derecho a acceder a los servicios públicos de salud, en condiciones de igualdad, universalidad y:

a) Libertad.
b) Calidad.
c) Eficacia.
d) Gratuidad.

19. ¿En cuántos títulos se estructura la Ley 6/2002, de 15 de abril, de Salud de Aragón?

a) 7.
b) 5.
c) 9.
d) 12.

20. ¿Qué título de la Ley 6/2002, de Salud de Aragón, se refiere a los derechos de información sobre la salud y la autonomía del paciente?

a) Título II.
b) Título III.
c) Título V.
d) Título VI.

En MADTEST tienes **más preguntas de este tema**, y todos tus avances quedan registrados y se reflejan en el ranking.

¡Supera tus límites con MADTEST!

Solución al test n.º 5

1. c) El conjunto de los Servicios de Salud de la Administración del Estado y de los Servicios de Salud de las Comunidades Autónomas.

2. d) 116.

3. a) Un Título Preliminar, siete Títulos, diez Disposiciones Adicionales, seis Disposiciones Transitorias, dos Disposiciones Derogatorias y dieciséis Disposiciones Finales.

4. c) El art. 43.1.

5. a) Las Áreas de Salud.

6. d) La regulación general de todas las acciones que permitan hacer efectivo el derecho a la protección de la salud reconocido en el 43 de la Constitución Española.

7. d) Todas las respuestas son correctas.

8. b) No inferior a 200.000 habitantes ni superior a 250.000.

9. d) Baleares, Canarias, Ceuta y Melilla.

10. a) Un área de salud.

11. a) Consejo de salud de área.

12. c) La Administración sanitaria del área de salud.

13. a) El Consejo de dirección del área.

14. c) Al Gerente del área de salud.

15. d) Todas las respuestas son correctas.

16. b) 50 % de sus miembros.

17. a) El 60 %.

18. b) Calidad.

19. c) 9.

20. b) Título III.

TEST N.º 6

El Departamento de Sanidad del Gobierno de Aragón. Estructura básica y competencias. El Servicio Aragonés de Salud: Estructura y competencias. El Texto Refundido de la Ley del Servicio Aragonés de Salud. Estructura y funcionamiento de las áreas y sectores del Sistema de Salud de Aragón

1. Las zonas de salud serán delimitadas por:

a) Las Cortes de Aragón.
b) El Consejo de Gobierno.
c) El Departamento responsable de salud.
d) El Consejo de Salud de Aragón.

2. No es una competencia del Departamento de Sanidad de Aragón:

a) Definir y desarrollar las Estrategias de Salud en la Comunidad Autónoma.
b) Planificar, evaluar y controlar la organización asistencial del Sistema de Salud de Aragón.
c) Proceder a la estructuración, ordenación y planificación territorial en materia de salud.
d) Aprobar el Plan de Salud de Aragón.

3. Corresponde al Consejero de Sanidad:

a) Aprobar la estructura orgánica de su Departamento.
b) Aprobar el presupuesto de su Departamento.
c) Aprobar el reglamento del Servicio Aragonés de Salud.
d) Aprobar la memoria anual de actuación del Servicio Aragonés de Salud.

4. ¿A qué Dirección está adscrito el Servicio de Seguridad Alimentaria y Salud Ambiental?

a) Dirección General de Asistencia Sanitaria y Planificación.
b) Dirección General de Salud Pública.

c) Dirección General de Salud Digital e Infraestructuras.
d) Dirección General de Cuidados y Humanización.

5. NO es un Servicio de la Dirección General de Asistencia Sanitaria y Planificación:

a) Servicio de Personal, Planificación y Coordinación.
b) Servicio de Oferta Asistencial.
c) Servicio de Prestaciones y Contratación Sanitaria.
d) Servicio de Estrategias de Salud y Formación.

6. ¿A qué órgano se adscribe el Servicio de Cuidados y Alfabetización en Salud?

a) A la Secretaría General Técnica.
b) A la DG de Asistencia Sanitaria y Planificación.
c) A la DG de Salud Digital e Infraestructuras.
d) A la DG de Cuidados y Humanización.

7. ¿A quién corresponde el seguimiento y control de la prestación de incapacidad temporal?

a) A los Servicios Provinciales.
b) A los Centros de Salud.
c) Al Servicio de Prevención de Riesgos laborales.
d) A los Equipos de Salud correspondientes.

8. ¿Cuál de los siguientes organismos públicos no está adscrito al Departamento de Sanidad?

a) Servicio Aragonés de Salud.
b) Instituto Aragonés de Ciencias de la Salud.
c) Banco de Sangre y Tejidos.
d) Instituto Aragonés de Servicios Sociales.

9. El Servicio de Evaluación y Acreditación forma parte de la estructura de:

a) La Dirección General de Salud Digital e Infraestructuras.
b) La Secretaría General Técnica.
c) La Dirección General de Salud Pública.
d) La Dirección General de Asistencia Sanitaria y Planificación.

10. No es un órgano de la Secretaría General Técnica del Departamento de Sanidad:

a) Servicio de Información, Transparencia y Participación.
b) Servicio de Gestión Económica, Contratación y Asuntos Generales.
c) Servicio de Personal, Planificación y Coordinación.
d) Servicio de Asuntos Jurídicos.

11. ¿Cuál de las siguientes no constituye una línea asistencial en la estructura de las áreas y sectores del Sistema de Salud de Aragón?

a) La atención especializada.
b) La atención a la salud mental.
c) La atención sociosanitaria.
d) La atención psicosocial.

12. ¿Cuántos representantes de la Administración Sanitaria del Sector, forman parte del Consejo Rector del Área de Salud?

a) Cinco.
b) Tres.
c) Dos.
d) Ninguno.

13. Respecto a las Gerencias del Sector no es cierto que:

a) Son órganos desconcentrados.
b) Son órganos organizativos e instrumentales.
c) Gestionan los recursos sanitarios necesarios para la asistencia sanitaria de los centros y unidades de su territorio.
d) Son órganos consultivos.

14. Respecto a la línea asistencial de Atención Primaria, no es cierto que:

a) Garantiza la globalidad y continuidad de la atención a lo largo de toda la vida del paciente.
b) Comprende actividades tales como la educación sanitaria.
c) Una de las líneas de actuación es la salud bucodental.
d) Una de las líneas de actuación es la asistencia en hospital de día.

15. El Área de Salud será dirigida por un órgano propio denominado:

a) Consejo de Dirección.
b) Consejo Rector.
c) Departamento de Salud y Consumo.
d) Gerencia del Sector.

16. ¿A quién le corresponde el seguimiento, control y evaluación de los objetivos y medidas establecidas en los Contratos de Gestión del Área de Salud?

a) Al Consejo de Dirección.
b) Al Consejo Rector.
c) Al Departamento de Sanidad.
d) Al Gerente del Sector.

17. Respecto al Director de Gestión y Servicios Generales no es cierto que:

a) Proporciona a los demás órganos directivos, soporte administrativo y técnico específico, así como los servicios generales necesarios para el cumplimiento de sus objetivos.
b) Debe tener título universitario.
c) Tendrá dedicación exclusiva.
d) Será nombrado por el Director Gerente del Servicio Aragonés de Salud, a propuesta del Consejero del Departamento responsable en materia de salud.

18. El Director de Gestión y Servicios Generales del Sector actuará de conformidad con las competencias que tiene atribuidas:

a) Bajo la dependencia funcional de la Gerencia del Sector.
b) Bajo la dependencia orgánica de la Gerencia del Sector.
c) Bajo la dependencia orgánica del Director Gerente del Servicio Aragonés de Salud.
d) Bajo la dependencia orgánica del Consejero de Sanidad.

19. Según el artículo 21 del Decreto Legislativo 2/2004, de 30 de diciembre, por el que se aprueba el Texto Refundido de la Ley del Servicio Aragonés de Salud, en el Consejo de Salud de Zona habrá:

a) Un representante de cada consejo escolar constituido en la zona de salud.
b) Un veterinario con ejercicio profesional en la zona de salud.
c) Dos farmacéuticos con ejercicio profesional en la zona de salud.
d) Un representante del equipo de atención primaria, elegido por el coordinador del equipo.

20. ¿Cuál de las siguientes es una competencia de la Dirección de Área de Coordinación Asistencial?

a) La elaboración, seguimiento y evaluación de los contratos de gestión en los centros del Servicio Aragonés de Salud.
b) La gestión de la Tesorería del Organismo.
c) La propuesta de fijación de plantillas de personal de los diversos centros y servicios y sus modificaciones.
d) La coordinación de las actividades de gestión y desarrollo profesional.

En MADTEST tienes **más preguntas de este tema**, y todos tus avances quedan registrados y se reflejan en el ranking.

¡Supera tus límites con MADTEST!

Solución al test n.º 6

1. c) El Departamento responsable de salud.

2. d) Aprobar el Plan de Salud de Aragón.

3. d) Aprobar la memoria anual de actuación del Servicio Aragonés de Salud.

4. b) Dirección General de Salud Pública.

5. a) Servicio de Personal, Planificación y Coordinación.

6. d) A la DG de Cuidados y Humanización.

7. a) A los Servicios Provinciales.

8. d) Instituto Aragonés de Servicios Sociales.

9. d) La Dirección General de Asistencia Sanitaria y Planificación.

10. a) Servicio de Información, Transparencia y Participación.

11. d) La atención psicosocial.

12. b) Tres.

13. d) Son órganos consultivos.

14. d) Una de las líneas de actuación es la asistencia en hospital de día.

15. b) Consejo Rector.

16. d) Al Gerente del Sector.

17. d) Será nombrado por el Director Gerente del Servicio Aragonés de Salud, a propuesta del Consejero del Departamento responsable en materia de salud.

18. b) Bajo la dependencia orgánica de la Gerencia del Sector.

19. b) Un veterinario con ejercicio profesional en la zona de salud.

20. d) La coordinación de las actividades de gestión y desarrollo profesional.

TEST N.º 7

Personal Estatutario de los Servicios de Salud: Clasificación del Personal Estatutario. Derechos y Deberes. Adquisición y pérdida de la condición de personal estatutario. Provisión de plazas, selección y promoción interna. Movilidad del personal. Situaciones. Régimen disciplinario. Estatuto Básico del Empleado Público: Deberes del empleado público y código de conducta. Representación, participación y negociación colectiva. Incompatibilidades del personal al servicio de las Administraciones Públicas. Principios generales. Ámbito de aplicación

1. Conforme al artículo 9.1 del Estatuto Marco (en redacción dada por el Real Decreto-ley 12/2022, de 5 de julio, por el que se modifica la Ley 55/2003, de 16 de diciembre, del Estatuto Marco del personal estatutario de los servicios de salud), los nombramientos del Personal Estatutario Temporal de los Servicios de Salud serán:

a) Únicamente de Personal Estatutario Sanitario.
b) Personal Estatutario Contratado.
c) De interinidad.
d) Como Personal Laboral.

2. Conforme al artículo 6.2 de la Ley 55/2003, de 16 de diciembre, del Estatuto Marco del personal estatutario de los servicios de salud, atendiendo al nivel académico del título exigido para el ingreso, el personal estatutario sanitario de formación profesional se divide en:

a) Técnicos sanitarios y Auxiliares de Enfermería.
b) Técnicos superiores y Técnicos.
c) Técnicos superiores y Técnicos de gestión.
d) Técnicos especialistas y Técnicos.

3. Podrá concurrir a las pruebas selectivas, por el sistema de promoción interna, el personal estatutario fijo que se encuentre en servicio activo y con nombramiento como personal estatutario fijo, en la categoría de procedencia, durante al menos:

a) 2 años.
b) 3 años.
c) 4 años.
d) 5 años.

4. Quienes no acrediten, una vez superado el proceso selectivo, que reúnen los requisitos y condiciones exigidos en la convocatoria:

a) No podrán ser nombrados hasta que subsanen el defecto.
b) No podrán ser nombrados, y quedarán sin efecto sus actuaciones.
c) Podrán ser nombrados de forma condicional.
d) Una vez superado el proceso selectivo, se entiende que reúne los requisitos exigidos, salvo prueba en contrario.

5. No es causa de extinción de la condición de personal estatutario fijo:

a) La renuncia.
b) La jubilación.
c) La sanción disciplinaria firme de separación del servicio.
d) La incapacidad temporal.

6. La recuperación de la condición de personal estatutario:

a) Supondrá la simultánea declaración del interesado en la situación de excedencia voluntaria, salvo en el caso de que se hubiera perdido como consecuencia de incapacidad.
b) Supondrá la simultánea declaración del interesado en la situación de excedencia voluntaria.
c) Supondrá la reincorporación del interesado a su puesto anterior.
d) Supondrá la reincorporación del interesado a su puesto en reingreso provisional.

7. La renuncia a la condición de personal estatutario, en los casos en que no exista un expediente disciplinario abierto, deberá ser solicitada por el interesado con una antelación mínima a su efectividad:

a) En cualquier momento.
b) De 15 días.
c) Tiene carácter voluntario y no está sometida a preaviso.
d) De un mes.

8. Entre los siguientes derechos que le reconoce el Estatuto Marco al personal estatutario, no figura el derecho individual a:

a) La estabilidad en el empleo.
b) El respeto a la dignidad e intimidad personal en el trabajo.
c) La formación continuada adecuada a la función desempeñada.
d) La inamovilidad del puesto de trabajo.

9. El personal estatutario de los servicios de salud tiene el deber de:

a) Participar en la elaboración de los convenios colectivos.
b) Realizar sus funciones fuera del horario y jornada habitual.
c) Realizar actividades sindicales.
d) Respetar la Constitución, el Estatuto de Autonomía correspondiente y el resto del ordenamiento jurídico.

10. Son faltas muy graves:

a) La falta de obediencia debida a los superiores.
b) El acoso sexual, cuando el sujeto activo del acoso cree con su conducta un entorno laboral intimidatorio, hostil o humillante para la persona que es objeto del mismo.
c) El incumplimiento del deber de respeto a la Constitución o al respectivo Estatuto de Autonomía en el ejercicio de sus funciones.
d) La aceptación de cualquier tipo de contraprestación por los servicios prestados a los usuarios de los Servicios de Salud.

11. El funcionario sancionado con la separación del servicio no podrá concurrir a las pruebas de selección para la obtención de la condición de personal estatutario fijo, ni prestar servicios como personal estatutario temporal, durante:

a) Los 6 años siguientes.
b) Los 5 años siguientes.
c) Los 10 años siguientes.
d) La separación del servicio es definitiva.

12. Según el art. 72.2 del Estatuto Marco, tendrá la consideración de falta muy grave:

a) Intervenir en un procedimiento administrativo cuando se dé alguna de las causas de abstención legalmente señaladas.
b) Toda actuación que suponga discriminación por razones ideológicas, morales, políticas, sindicales, de raza, lengua, género, religión o circunstancias económicas, personales o sociales, tanto del personal como de los usuarios.
c) El incumplimiento injustificado de la jornada de trabajo que acumulado suponga más de 20 horas al mes.
d) La incorrección con los superiores, compañeros, subordinados o usuarios.

13. De las siguientes, la sanción que se aplicará al personal estatutario por la comisión de falta grave será:

a) Suspensión de funciones.
b) Traslado forzoso con cambio de localidad.
c) Separación del servicio.
d) Apercibimiento.

14. Las Comunidades Autónomas, en el ámbito de sus competencias, determinarán la limitación máxima de la jornada a tiempo parcial respecto a la jornada completa, con el límite máximo del:

a) Setenta y cinco por ciento de la jornada ordinaria, en cómputo anual.
b) Veinticinco por ciento de la jornada ordinaria, en cómputo anual.
c) Sesenta por ciento de la jornada ordinaria, en cómputo anual.
d) Cincuenta por ciento de la jornada ordinaria, en cómputo anual.

15. Solo una de las siguientes afirmaciones referidas a la "movilidad voluntaria" es cierta dentro de las prescripciones del Estatuto Marco del personal estatutario. ¿Cuál?

a) Los procedimientos se han de efectuar cada dos años.
b) Se garantiza en términos de igualdad efectiva entre los diferentes Servicios de Salud.
c) En casos excepcionales se pueden resolver los procedimientos por libre designación.
d) El plazo posesorio en el nuevo destino es siempre de un mes.

16. Entre los derechos reconocidos en el mismo Estatuto Marco (artículo 50) a los profesionales, está el de tener un periodo de descanso durante la jornada que no puede ser inferior a 15 minutos, siempre que la jornada:

a) Exceda de 6 horas continuadas.
b) Sea de seis horas continuadas.
c) No se tenga reducida por algún motivo.
d) Sea jornada ordinaria y no jornada complementaria.

17. Cuando de un procedimiento de movilidad se derive cambio del servicio de salud de destino, el Estatuto Marco establece un plazo posesorio de:

a) Un mes.
b) Treinta días.
c) Quince días.
d) Diez días.

18. Según el Estatuto Marco del personal estatutario, la situación de excedencia voluntaria por interés particular obliga a un periodo mínimo de permanencia en ella de:

a) Un año.
b) Dos años.
c) Doce meses.
d) No establece periodo mínimo.

19. De acuerdo con el régimen disciplinario del personal estatutario, se considera muy grave:

a) El abandono del servicio.
b) El abuso de autoridad en el ejercicio de sus funciones.
c) Falta de obediencia debida a los superiores.
d) La incorrección con los superiores, compañeros, subordinados o usuarios.

20. El personal estatutario que acceda a plaza de formación sanitaria especializada mediante residencia, será declarado en situación de:

a) Servicios especiales.
b) Servicios bajo otro régimen jurídico.
c) Excedencia voluntaria.
d) Excedencia por servicios en el sector público.

En MADTEST tienes **más preguntas de este tema**, y todos tus avances quedan registrados y se reflejan en el ranking.

¡Supera tus límites con MADTEST!

Solución al test n.º 7

1. c) De interinidad.

2. b) Técnicos superiores y Técnicos.

3. a) 2 años.

4. b) No podrán ser nombrados, y quedarán sin efecto sus actuaciones.

5. d) La incapacidad temporal.

6. a) Supondrá la simultánea declaración del interesado en la situación de excedencia voluntaria, salvo en el caso de que se hubiera perdido como consecuencia de incapacidad.

7. b) De 15 días.

8. d) La inamovilidad del puesto de trabajo.

9. d) Respetar la Constitución, el Estatuto de Autonomía correspondiente y el resto del ordenamiento jurídico.

10. c) El incumplimiento del deber de respeto a la Constitución o al respectivo Estatuto de Autonomía en el ejercicio de sus funciones.

11. a) Los 6 años siguientes.

12. b) Toda actuación que suponga discriminación por razones ideológicas, morales, políticas, sindicales, de raza, lengua, género, religión o circunstancias económicas, personales o sociales, tanto del personal como de los usuarios.

13. a) Suspensión de funciones.

14. a) Setenta y cinco por ciento de la jornada ordinaria, en cómputo anual.

15. b) Se garantiza en términos de igualdad efectiva entre los diferentes Servicios de Salud.

16. a) Exceda de 6 horas continuadas.

17. a) Un mes.

18. b) Dos años.

19. a) El abandono del servicio.

20. a) Servicios especiales.

TEST N.º 8

El Procedimiento Administrativo Común de las Administraciones Públicas: Disposiciones Generales. Cómputo de plazos. Objeto y plazos de los recursos administrativos. El Régimen Jurídico del Sector Público: Disposiciones Generales

1. Según el artículo 3 de la Ley 40/2015, uno de los principios de acuerdo con los que actúa la Administración Pública es el de buena fe, confianza legítima y:

a) Lealtad institucional.
b) Proximidad a los ciudadanos.
c) Servicio efectivo a los ciudadanos.
d) Responsabilidad.

2. Según el artículo 3 de la Ley 40/2015, uno de los principios de acuerdo con los que actúa la Administración Pública es el de simplicidad, claridad y:

a) Economía.
b) Eficacia.
c) Proximidad a los ciudadanos.
d) Racionalización.

3. Según el artículo 3 de la Ley 40/2015, uno de los principios de acuerdo con los que actúa la Administración Pública es el de participación, objetividad y:

a) Transparencia de la actuación administrativa.
b) Evaluación de los resultados.
c) Adecuación estricta de los medios a los fines institucionales.
d) Colaboración.

4. Según el artículo 3 de la Ley 40/2015, uno de los principios de acuerdo con los que actúa la Administración Pública es el de racionalización y agilidad de los procedimientos administrativos y de:

a) Las políticas públicas.
b) Las actividades materiales de gestión.

c) Las asignaciones de los recursos públicos.

d) La evaluación de los resultados de las políticas públicas.

5. Señala la respuesta correcta respecto al cómputo de plazos:

a) Salvo que por Ley o en el Derecho de la Unión Europea se disponga otro cómputo, cuando los plazos se señalen por horas, se entiende que estas son naturales.

b) Siempre que por Ley o en el Derecho de la Unión Europea no se exprese otro cómputo, cuando los plazos se señalen por días, se entiende que estos son naturales, incluyéndose en el cómputo los sábados, los domingos y los declarados festivos.

c) Los plazos expresados en días se contarán desde el mismo día en que tenga lugar la notificación o publicación del acto de que se trate, o desde el siguiente a aquel en que se produzca la estimación o la desestimación por silencio administrativo.

d) Cuando un día fuese hábil en el municipio o Comunidad Autónoma en que residiese el interesado, e inhábil en la sede del órgano administrativo, o a la inversa, se considerará inhábil en todo caso.

6. Señala la respuesta incorrecta respecto al cómputo de los plazos:

a) Cuando los plazos se hayan señalado por días naturales por declararlo así una ley o por el Derecho de la Unión Europea, se hará constar esta circunstancia en las correspondientes notificaciones.

b) Cuando el último día del plazo sea inhábil, se entenderá prorrogado al primer día hábil siguiente.

c) Los plazos expresados por horas se contarán de hora en hora y de minuto en minuto desde la hora y minuto en que tenga lugar la notificación o publicación del acto de que se trate y no podrán tener una duración superior a veinticuatro horas, en cuyo caso se expresarán en días.

d) La declaración de un día como hábil o inhábil a efectos de cómputo de plazos determina por sí sola el funcionamiento de los centros de trabajo de las Administraciones Públicas, la organización del tiempo de trabajo así como el régimen de jornada y horarios de las mismas.

7. El registro electrónico permite la presentación de documentos:

a) De lunes a viernes de 8 a 15 horas.

b) De lunes a viernes de 8 a 21 horas.

c) Todos los días del año de 8 a 21 horas.

d) Todos los días del año durante las veinticuatro horas.

8. ¿En qué caso podrá ser objeto de ampliación un plazo ya vencido?

a) En los procedimientos tramitados por las misiones diplomáticas y oficinas consulares.

b) En aquellos que, sustanciándose en el interior, exijan cumplimentar algún trámite en el extranjero o en los que intervengan interesados residentes fuera de España.

c) Siempre que así lo considere oportuno, y lo fundamente, el Instructor del procedimiento.
d) En ningún caso.

9. Cuando razones de interés público lo aconsejen, se podrá acordar, de oficio o a petición del interesado, la aplicación al procedimiento de la tramitación de urgencia, por la cual se reducirán a la mitad los plazos establecidos para el procedimiento ordinario, salvo:

a) Los relativos a la presentación de solicitudes.
b) Los relativos a la presentación de recursos.
c) Las respuestas a) y b) son correctas.
d) Ninguna respuesta es correcta.

10. ¿De qué plazo disponen los interesados durante el trámite de audiencia para alegar y presentar los documentos y justificaciones que estimen pertinentes?

a) No inferior a quince ni superior a un mes.
b) No inferior a diez días ni superior a quince.
c) Quince días.
d) Siete días hábiles.

11. A tenor del art. 84 de la Ley 39/2015, de 1 de octubre, del Procedimiento Administrativo Común de las Administraciones Públicas, pondrán fin al procedimiento la resolución:

a) El desistimiento.
b) La renuncia al derecho en que se funde la solicitud.
c) La declaración de caducidad.
d) Todas las respuestas son correctas.

12. ¿Cuál es la forma especial de terminación del procedimiento administrativo?

a) La resolución.
b) La declaración de caducidad.
c) La terminación convencional.
d) El desistimiento.

13. El acuerdo de realización de actuaciones complementarias se notificará a los interesados, concediéndoseles un plazo para formular las alegaciones que tengan por pertinentes tras la finalización de las mismas, de:

a) Siete días.
b) Diez días.
c) Quince días.
d) Un mes.

14. En los procedimientos iniciados a solicitud del interesado, cuando se produzca su paralización por causa imputable al mismo, la Administración le advertirá de que se producirá la caducidad del procedimiento, transcurrido:

a) Quince días.
b) Veinte días.
c) Un mes.
d) Tres meses.

15. Señala la respuesta incorrecta respecto a la caducidad:

a) La caducidad no producirá por sí sola la prescripción de las acciones del particular o de la Administración, pero los procedimientos caducados interrumpirán el plazo de prescripción.

b) No podrá acordarse la caducidad por la simple inactividad del interesado en la cumplimentación de trámites, siempre que no sean indispensables para dictar resolución.

c) Podrá no ser aplicable la caducidad en el supuesto de que la cuestión suscitada afecte al interés general, o fuera conveniente sustanciarla para su definición y esclarecimiento.

d) En los casos en los que sea posible la iniciación de un nuevo procedimiento por no haberse producido la prescripción, podrán incorporarse a este los actos y trámites cuyo contenido se hubiera mantenido igual de no haberse producido la caducidad.

16. ¿Qué recurso cabe contra el acuerdo de acumulación?

a) Ninguno.
b) Recurso de alzada.
c) Recurso de reposición.
d) Recurso extraordinario de revisión.

17. Señala la respuesta incorrecta respecto a la información pública:

a) La incomparecencia en este trámite podrá impedir a los interesados interponer los recursos procedentes contra la resolución definitiva del procedimiento.

b) El órgano al que corresponda la resolución del procedimiento, cuando la naturaleza de este lo requiera, podrá acordar un período de información pública.

c) La comparecencia en el trámite de información pública no otorga, por sí misma, la condición de interesado.

d) Quienes presenten alegaciones u observaciones en este trámite tienen derecho a obtener de la Administración una respuesta razonada, que podrá ser común para todas aquellas alegaciones que planteen cuestiones sustancialmente iguales.

18. Indica cuál de las siguientes no es una de las formas anormales de terminación del procedimiento administrativo:

a) La declaración de caducidad.
b) El desistimiento.

c) La renuncia al derecho en que se funde la solicitud.
d) La resolución.

19. Las actuaciones complementarias deberán practicarse en un plazo no superior a:

a) Diez días.
b) Quince días.
c) Veinte días.
d) Un mes.

20. ¿En qué supuesto excepcional se podrá imponer una sanción sin que se haya tramitado el oportuno procedimiento?

a) En casos de urgencia.
b) En aquellos supuestos donde no dé lugar a dudas la imposición de la sanción.
c) Únicamente en aquellos supuestos donde una norma con rango de ley así lo determine.
d) En ningún caso.

En MADTEST tienes **más preguntas de este tema**, y todos tus avances quedan registrados y se reflejan en el ranking.

¡Supera tus límites con MADTEST!

Solución al test n.º 8

1. a) Lealtad institucional.

2. c) Proximidad a los ciudadanos.

3. a) Transparencia de la actuación administrativa.

4. b) Las actividades materiales de gestión.

5. d) Cuando un día fuese hábil en el municipio o Comunidad Autónoma en que residiese el interesado, e inhábil en la sede del órgano administrativo, o a la inversa, se considerará inhábil en todo caso.

6. d) La declaración de un día como hábil o inhábil a efectos de cómputo de plazos determina por sí sola el funcionamiento de los centros de trabajo de las Administraciones Públicas, la organización del tiempo de trabajo así como el régimen de jornada y horarios de las mismas.

7. d) Todos los días del año durante las veinticuatro horas.

8. d) En ningún caso.

9. c) Las respuestas a) y b) son correctas.

10. b) No inferior a diez días ni superior a quince.

11. d) Todas las respuestas son correctas.

12. c) La terminación convencional.

13. a) Siete días.

14. d) Tres meses.

15. a) La caducidad no producirá por sí sola la prescripción de las acciones del particular o de la Administración, pero los procedimientos caducados interrumpirán el plazo de prescripción.

16. a) Ninguno.

17. a) La incomparecencia en este trámite podrá impedir a los interesados interponer los recursos procedentes contra la resolución definitiva del procedimiento.

18. d) La resolución.

19. b) Quince días.

20. d) En ningún caso.

TEST N.º 9

Ley de Prevención de Riesgos Laborales: Conceptos básicos. Derechos y obligaciones en materia de seguridad en el trabajo. Organización de la prevención de riesgos laborales en la Comunidad Autónoma de Aragón. Distribución de funciones y responsabilidades en materia de prevención de riesgos laborales entre los diferentes órganos del Servicio Aragonés de Salud

1. ¿Cuál es la vigente Ley de Prevención de Riesgos Laborales?

a) Ley 32/1995, de 8 de noviembre.
b) Ley 30/1996, de 8 de noviembre.
c) Ley 31/1995, de 6 de noviembre.
d) Ley 31/1995, de 8 de noviembre.

2. La Ley de Prevención de Riesgos laborales, tiene por objeto:

a) Prevenir los accidentes en general.
b) Evitar riesgos en el recorrido al puesto de trabajo.
c) Promover la seguridad y la salud de los trabajadores.
d) Que cada vez haya menos accidentes de tráfico.

3. ¿Qué se entiende por "riesgo laboral"?

a) La posibilidad de que un trabajador sufra un determinado daño derivado del trabajo.
b) La posibilidad de que un trabajador sufra una enfermedad en el trabajo.
c) La posibilidad de que un trabajador sufra acoso.
d) El riesgo que supone el ir a trabajar.

4. Indica cuál es la definición de prevención:

a) La probabilidad racional de que un riesgo se materialice de forma inminente.
b) El estudio de los procesos potencialmente peligrosos para el trabajo.
c) Conjunto de actividades o medidas adoptadas o previstas en todas las fases de actividad de la empresa con el fin de evitar o disminuir los riesgos derivados del trabajo.
d) Posibilidad de que un trabajador sufra un determinado daño derivado del trabajo.

5. Según establece el art. 4 de la Ley 31/1995, de 8 de noviembre, de Prevención de Riesgos Laborales, se define como daños derivados del trabajo:

a) La posibilidad de que un trabajador sufra un determinado daño derivado del trabajo.

b) El que resulte probable racionalmente que se materialice en un futuro inmediato y pueda suponer y pueda suponer un daño grave para la salud de los trabajadores.

c) Las enfermedades, patologías o lesiones sufridas con motivo u ocasión del trabajo.

d) Cualquier máquina, aparato, instrumento o instalación utilizada en el trabajo.

6. Señala la respuesta incorrecta:

a) La Ley de Prevención de Riesgos Laborales se aplica a los operativos de Seguridad civil en casos de catástrofe.

b) La Ley de Prevención de Riesgos Laborales se aplica a las sociedades cooperativas.

c) En el ámbito de la relación laboral de carácter especial del servicio del hogar familiar, las personas trabajadoras tienen derecho a una protección eficaz en materia de seguridad y salud en el trabajo.

d) En los establecimientos penitenciarios, se adaptarán a la Ley de Prevención de Riesgos Laborales aquellas actividades cuyas características justifiquen una regulación especial.

7. Para calificar un riesgo desde el punto de vista de su gravedad, se valorarán conjuntamente la severidad del daño y:

a) La probabilidad de que se produzca.

b) La cantidad de trabajadores de la empresa.

c) La existencia o no de equipos individuales de protección.

d) Las condiciones de trabajo.

8. Con el objetivo de detectar y prevenir posibles situaciones en las que los daños derivados del trabajo puedan aparecer vinculados con el sexo de los trabajadores, las Administraciones Públicas promoverán la efectividad del principio de:

a) Corresponsabilidad.

b) Igualdad entre mujeres y hombres.

c) Discriminación positiva.

d) Protección de la maternidad.

9. Según el artículo 8.2 de la Ley 31/1995, el Instituto Nacional de Seguridad y Salud en el Trabajo, en el marco de sus funciones, velará por la coordinación, apoyará el intercambio de información y las experiencias entre las distintas Administraciones públicas y especialmente fomentará y prestará apoyo a la realización de actividades de promoción de la seguridad y de la salud por las Comunidades Autónomas. Asimismo, prestará, de acuerdo con las Administraciones competentes, apoyo técnico especializado en materia de certificación, ensayo y:

a) Evaluación.

b) Normalización.

c) Divulgación.
d) Acreditación.

10. La regulación de los requisitos mínimos que deben reunir las condiciones de trabajo para la protección de la seguridad y la salud de los trabajadores, corresponde a:

a) Las Cortes Generales.
b) El Gobierno de la nación, previa consulta a las organizaciones sindicales y empresariales más representativas.
c) El Consejo de Gobierno de cada Comunidad Autónoma; por delegación del Consejo de Ministros.
d) Los Convenios Colectivos.

11. La Comisión Nacional de Seguridad y Salud en el Trabajo, está compuesta por:

a) Representantes de las organizaciones sindicales y empresariales.
b) Un representante de cada una de las Comunidades Autónomas y representantes de las organizaciones sindicales y empresariales.
c) Representantes de la Administración y representantes de las organizaciones sindicales y empresariales.
d) Un representante de cada una de las Comunidades Autónomas y por igual número de miembros de la Administración General del Estado y, paritariamente con todos los anteriores, por representantes de las organizaciones empresariales y sindicales más representativas.

12. La función de vigilancia y control de la normativa sobre prevención de riesgos laborales corresponde:

a) A la Dirección General de Personal y Desarrollo Profesional.
b) A la Delegación Provincial de Trabajo.
c) A la Inspección de Trabajo y Seguridad Social.
d) Al Servicio de Medicina Preventiva.

13. Entre los principios de la acción preventiva recogidos por el artículo 15 de la Ley de Prevención de Riesgos Laborales, no figura:

a) Evitar los riesgos.
b) Evaluar los riesgos que se puedan evitar.
c) Tener en cuenta la evolución de la técnica.
d) Dar las debidas instrucciones a los trabajadores.

14. Los instrumentos esenciales para la gestión y aplicación del Plan de prevención de riesgos laborales son

a) La evaluación de riesgos y la planificación de la actividad preventiva.
b) La evaluación inicial de riesgos y la formación.

c) La planificación y la gestión de la actividad preventiva.
d) La identificación y la evaluación de los riesgos.

15. Según la Ley de Prevención de Riesgos Laborales, es obligación de los trabajadores en materia de prevención de riesgos:

a) La protección eficaz en materia de seguridad y salud en el trabajo.
b) Utilizar correctamente los medios y equipos de protección facilitados por el empresario, de acuerdo con las instrucciones recibidas de éste.
c) Soportar el coste de las medidas relativas a la seguridad y la salud en el trabajo.
d) Desarrollar una acción permanente de seguimiento de la actividad preventiva.

16. Cuando los trabajadores estén expuestos a un riesgo grave e inminente con ocasión de su trabajo, y el empresario no adopte o no permita la adopción de las medidas necesarias para garantizar la seguridad y la salud de los trabajadores, la Ley 31/1995, de 8 de noviembre, de Prevención de Riesgos Laborales prevé que:

a) Los trabajadores afectados podrán paralizar la actividad.
b) El órgano de representación del personal instará formalmente al empresario a la adopción de las medidas necesarias.
c) Los Delegados de Prevención lo comunicarán a la autoridad laboral, que adoptará las medidas necesarias.
d) El órgano de representación de personal podrá acordar la paralización de la actividad.

17. El posible cambio de puesto de trabajo con riesgo para una trabajadora embarazada

a) Deberá realizarse en caso de imposibilidad de adaptación del propio puesto.
b) Se hará previo informe en tal sentido del Servicio de Prevención.
c) Se determinará por el empresario, y dará información a los representantes de los trabajadores.
d) Se extenderá al período de lactancia.

18. ¿Cuándo se deben utilizar los equipos de protección individual?:

a) Siempre.
b) Cuando los riesgos no hayan sido evaluados.
c) Cuando los riesgos no se puedan evitar o no puedan limitarse.
d) Cuando el trabajador lo estime oportuno.

19. Según el artículo 19 de la Ley de Prevención de Riesgos Laborales, la formación teórica y práctica en materia preventiva deberá:

a) Impartirse en horario dentro de la jornada de trabajo.
b) Impartirse por igual en jornada de trabajo y fuera del horario de trabajo.

c) Impartirse, siempre que sea posible, dentro de la jornada de trabajo o, en su defecto, en otras horas, pero con el descuento en aquella del tiempo invertido en la misma.

d) La formación teórica siempre debe ser en horario dentro de la jornada de trabajo y la formación práctica puede impartirse tanto dentro como fuera de la jornada de trabajo.

20. Las trabajadoras embarazadas ¿tienen derecho a ausentarse del trabajo para la realización de exámenes prenatales y técnicas de preparación al parto?

a) Sí, con derecho a remuneración, previo aviso al empresario y justificación de la necesidad de su realización dentro de la jornada de trabajo.

b) Sí, con derecho a remuneración, sin necesidad de avisar al empresario ni justificar la necesidad de su realización dentro de la jornada de trabajo.

c) Sí, sin derecho a remuneración, previo aviso al empresario y justificación de la necesidad de su realización dentro de la jornada de trabajo.

d) No, en ningún caso.

En MADTEST tienes **más preguntas de este tema**, y todos tus avances quedan registrados y se reflejan en el ranking.

¡Supera tus límites con MADTEST!

Solución al test n.º 9

1. d) Ley 31/1995, de 8 de noviembre.

2. c) Promover la seguridad y la salud de los trabajadores.

3. a) La posibilidad de que un trabajador sufra un determinado daño derivado del trabajo.

4. c) Conjunto de actividades o medidas adoptadas o previstas en todas las fases de actividad de la empresa con el fin de evitar o disminuir los riesgos derivados del trabajo.

5. c) Las enfermedades, patologías o lesiones sufridas con motivo u ocasión del trabajo.

6. a) La Ley de Prevención de Riesgos Laborales se aplica a los operativos de Seguridad civil en casos de catástrofe.

7. a) La probabilidad de que se produzca.

8. b) Igualdad entre mujeres y hombres.

9. d) Acreditación.

10. b) El Gobierno de la nación, previa consulta a las organizaciones sindicales y empresariales más representativas.

11. d) Un representante de cada una de las Comunidades Autónomas y por igual número de miembros de la Administración General del Estado y, paritariamente con todos los anteriores, por representantes de las organizaciones empresariales y sindicales más representativas.

12. c) A la Inspección de Trabajo y Seguridad Social.

13. b) Evaluar los riesgos que se puedan evitar.

14. a) La evaluación de riesgos y la planificación de la actividad preventiva.

15. b) Utilizar correctamente los medios y equipos de protección facilitados por el empresario, de acuerdo con las instrucciones recibidas de éste.

16. d) El órgano de representación de personal podrá acordar la paralización de la actividad.

17. a) Deberá realizarse en caso de imposibilidad de adaptación del propio puesto.

18. c) Cuando los riesgos no se puedan evitar o no puedan limitarse.

19. c) Impartirse, siempre que sea posible, dentro de la jornada de trabajo o, en su defecto, en otras horas, pero con el descuento en aquella del tiempo invertido en la misma.

20. a) Sí, con derecho a remuneración, previo aviso al empresario y justificación de la necesidad de su realización dentro de la jornada de trabajo.

TEST MATERIA ESPECÍFICA

TEST N.º 1

El espacio físico de una lavandería hospitalaria: consideración de los factores que influyen; organización espacial y funcional. Áreas sucias y limpias. Barreras de contaminación. Equipamiento, material e instalaciones de una lavandería hospitalaria. Material permanente de consumo. Instalaciones

1. ¿Cuál es la finalidad de una lavandería?

a) Procesar la ropa sucia y contaminada convirtiéndola en ropa limpia que ayuda a la comodidad y cuidado del paciente.
b) Mejorar las cualidades iniciales de una prenda.
c) Eliminar la suciedad soluble.
d) Hacer que la ropa sea más cómoda gracias al desgaste del tejido durante el lavado.

2. ¿Qué característica tendrán las superficies donde se deposite la ropa en una lavandería?

a) Deslizantes.
b) No lavables.
c) No tendrán aberturas ni huecos donde puedan acumular suciedad.
d) Todas las respuestas son correctas.

3. ¿Qué funciones tiene el servicio de lavandería y planchado?

a) Reparación y/o reposición de los tejidos deteriorados.
b) Control de los tratamientos de la ropa sucia.
c) Control del tratamiento de la ropa limpia.
d) Todas las respuestas son correctas.

4. ¿En qué momento se realiza la fase de centrifugado?

a) Al inicio del lavado.
b) Durante el lavado, entre distintas fases.

c) Al final del proceso.
d) Antes del empaquetado.

5. ¿Cómo se elimina el agua acumulada durante el lavado, en un tejido de rizo?

a) Mediante secado.
b) Planchando.
c) Manteniendo las prendas de estas características juntas durante un tiempo hasta que se hayan escurrido.
d) Cualquiera de estos procesos es válido.

6. ¿En qué área de la lavandería se realiza el marcaje de las prendas?

a) Área de lavado.
b) Área de planchado.
c) Área de costura.
d) Área de empaquetado.

7. ¿Qué importancia tiene que la bolsa donde se empaquete la ropa limpia sea transparente?

a) Permite ver el contenido.
b) Aísla mejor de la luz.
c) Da sensación de mayor limpieza.
d) No tiene ninguna importancia si va o no empaquetada.

8. ¿Qué separa la barrera sanitaria?

a) La zona de distribución del resto de la lavandería.
b) La zona de entrada de ropa sucia del resto de la lavandería.
c) La zona sucia de la zona limpia.
d) La zona autorizada para personal de la zona pública.

9. ¿Cómo se mueve la ropa sucia que llega a una lavandería?

a) Por vagonetas.
b) Por cintas transportadoras.
c) Por rieles.
d) Todas las respuestas son correctas.

10. ¿Qué peso de ropa se recomienda en cada lavado?

a) La capacidad máxima de la lavadora.
b) La capacidad mínima de la máquina.
c) Un peso inferior a la capacidad máxima de la máquina.
d) Siempre 10 kg.

11. ¿Cómo influyen los turnos y la distribución del trabajo en la elección de maquinaria para una lavandería?

a) Número de horas que van a estar las máquinas en funcionamiento.
b) Incremento de trabajo durante horas concretas del día.
c) Incremento de trabajo en algunos días de la semana.
d) Todas las respuestas son correctas.

12. ¿Cuáles de las siguientes máquinas se utilizan para el empaquetado y la distribución de la ropa limpia?

a) Secadora.
b) Calandra.
c) Empaquetadora.
d) Centrífuga.

13. ¿Qué característica no es deseable en un producto de lavado?

a) Biodegradable.
b) Agresivo con la ropa.
c) Eficaz.
d) Todas son características deseables.

14. ¿Qué sistema de dosificación se utiliza para el detergente en una lavandería centralizada?

a) Sistema de depósito de predisolución.
b) Método manual.
c) Difusión automática inicial.
d) Remoto.

15. ¿Qué son los pesebres?

a) Contenedores.
b) Jaulas.
c) Sacos.
d) Carros.

16. ¿Qué tamaño es más habitual para los contenedores de ropa en la lavandería?

a) 1 o 2 litros.
b) 30 o 40 litros.
c) 300 o 400 litros.
d) 2000 o 3000 litros.

17. ¿Cómo son las cintas de tablillas?

a) Sistema de transporte formado por una banda continua que se mueve mediante dos rodillos en los extremos.

b) Sistema de arrastre formado por una sucesión de tablillas paralelas.

c) Sistema formado por un conjunto de rodillos, uno a continuación del otro, que giran al mismo tiempo pero de manera independiente.

d) Ninguna respuesta es correcta.

18. ¿Cómo funciona un transportador aéreo de cargas pesadas?

a) Consiste en un sistema de raíles a través del que se mueven unos colgadores que soportan las bolsas con los lotes de ropa.

b) La línea de transporte está formada por un conjunto de rodillos, uno a continuación del otro, que giran al mismo tiempo pero de manera independiente.

c) Es un sistema de transporte manual que facilita el traslado de la carga.

d) Todas las respuestas son correctas.

19. ¿En qué consiste el sistema discontinuo de lavado?

a) En la separación de las fases en el tiempo.

b) Es el que utilizan las lavadoras convencionales, de pequeño tamaño, como las de uso doméstico.

c) Consiste en dividir las fases del lavado en diferentes compartimentos comunicados entre sí, y que pueden funcionar al mismo tiempo.

d) Son correctas las respuestas a) y b).

20. ¿Cómo se define la capacidad de una lavadora?

a) Velocidad de centrifugación.

b) Cantidad de ropa que puede lavar en un ciclo.

c) Presencia o no de base antivibratoria.

d) Tamaño del equipo.

En MADTEST tienes **más preguntas de este tema**, y todos tus avances quedan registrados y se reflejan en el ranking.

¡Supera tus límites con MADTEST!

Solución al test n.º 1

1. a) Procesar la ropa sucia y contaminada convirtiéndola en ropa limpia que ayuda a la comodidad y cuidado del paciente.

2. c) No tendrán aberturas ni huecos donde puedan acumular suciedad.

3. d) Todas las respuestas son correctas.

4. b) Durante el lavado, entre distintas fases.

5. a) Mediante secado.

6. c) Área de costura.

7. a) Permite ver el contenido.

8. c) La zona sucia de la zona limpia.

9. d) Todas las respuestas son correctas.

10. c) Un peso inferior a la capacidad máxima de la máquina.

11. d) Todas las respuestas son correctas.

12. c) Empaquetadora.

13. b) Agresivo con la ropa.

14. a) Sistema de depósito de predisolución.

15. a) Contenedores.

16. c) 300 o 400 litros.

17. b) Sistema de arrastre formado por una sucesión de tablillas paralelas.

18. a) Consiste en un sistema de raíles a través del que se mueven unos colgadores que soportan las bolsas con los lotes de ropa.

19. d) Son correctas las respuestas a) y b).

20. b) Cantidad de ropa que puede lavar en un ciclo.

TEST N.º 2

Procesamiento de la ropa en área sucia: técnicas de lavado (temperaturas, tiempos), ideas básicas de eliminación de manchas. Procesamiento de la ropa en área limpia: centrifugado, secado, calandrado

1. ¿Qué es falso sobre el almacenamiento de la ropa sucia?

a) Permanece en las mismas bolsas donde se recogió.
b) Se almacenará por un tiempo lo más breve posible.
c) Se almacenará en el mismo lugar donde se produce.
d) Se almacenará en lugares bien ventilados.

2. ¿Cómo se quitará una mancha de bolígrafo sobre un tejido?

a) Con alcohol.
b) Con agua oxigenada.
c) Con lejía.
d) Con aguarrás.

3. ¿Qué elemento se puede utilizar para quitar manchas de óxido de las prendas?

a) Aceite.
b) Limón.
c) Sal.
d) Alcohol.

4. ¿Cómo se eliminan las manchas de orina?

a) Frotando con alcohol o acetona.
b) Remojando en agua con amoniaco.
c) Frotando con zumo de limón antes de lavar.
d) Frotando con una mezcla de vinagre y alcohol.

5. ¿Cómo se eliminan las manchas de bolígrafo?

a) Frotando con benzol.
b) Aplicando frio y rascando.
c) Frotando con medio limón.
d) Cubriendo la mancha con alcohol y lavando normalmente.

6. ¿Cómo se trata las manchas con cera?

a) Aplicar frío y rascar.
b) Frotar con una mezcla de vinagre y alcohol.
c) Frotar con benzol.
d) Cubrir con polvo de talco y cepillar.

7. La lavadora centrifugadora con una capacidad de 90 kg y tres compartimentos separados entre sí cada uno con su correspondiente puerta, se llama:

a) Regina.
b) Milnor.
c) Miele.
d) Zanussi.

8. La lavadora centrifugadora con una capacidad de 150 kg, con tres compartimentos y sus respectivas puertas, se llama:

a) Milnor.
b) Regina.
c) Zanussi.
d) Miele.

9. La ropa sucia se almacenará por un tiempo:

a) Lo más breve posible.
b) No más de 8 horas.
c) Máximo de 24 horas.
d) No importa el tiempo.

10. Los locales se limpiarán y desinfectarán:

a) Diariamente.
b) Cada 4 horas.
c) Semanalmente.
d) Cada dos días.

11. ¿Cómo se denominan las puntadas unidas a mano, de derecha a izquierda, para fijar piezas, rematar, etc.?

a) Festón.
b) Hilván.
c) Pespunte.
d) Fruncido.

12. ¿Cuál es la temperatura máxima que se debe aplicar sobre una prenda de rayón durante el planchado?

a) 110 ºC.
b) 150 ºC.
c) 200 ºC.
d) 250 ºC.

13. ¿Qué afirmación es falsa acerca de la manipulación de ropa limpia?

a) La ropa limpia será sometida a la mínima manipulación posible, mecanizando y automatizando todos los procesos posibles.
b) Es importante aplicar una temperatura de planchado adecuada para cada tipo de tejido, ya que la aplicación de temperaturas más altas dañaría los tejidos.
c) El empaquetado de la ropa se hará tocando lo menos posible las prendas, y siempre que sea posible se hará mecánicamente.
d) Las prendas que se van a reparar serán manipuladas mínimamente para evitar que actúen como vehículo de transmisión de enfermedades.

14. ¿Cómo se denomina la unión provisional de dos piezas que van a ser cosidas, con un hilo de otro color que se retira tras coserlas?

a) Hilván.
b) Pespunte.
c) Sobrehilado.
d) Festón.

15. ¿Cómo se almacenará la ropa limpia?

a) Empaquetada y en carros destinados a tal uso.
b) Empaquetada y sobre estantes limpios y desinfectados.
c) Plegada y dentro de los armarios.
d) Ninguna respuesta es correcta.

16. Decir cuál de las siguientes afirmaciones es correcta:

a) La circulación de la ropa en la lavandería se separa en dos circuitos, que se cruzan constantemente.
b) Los carros destinados al transporte de ropa sucia pueden utilizarse para el traslado de ropa limpia, pero no al contrario.

c) Los ascensores o montacargas destinados a trasladar ropa sucia, serán de uso exclusivo.
d) Todas las afirmaciones son correctas.

17. La temperatura máxima para planchar el lino es de:

a) 200 ºC.
b) 150 ºC.
c) 110 ºC.
d) No se pueden planchar.

18. ¿Cuál es la temperatura máxima para planchar la seda?

a) 200 ºC.
b) 150 ºC.
c) 110 ºC.
d) No se pueden planchar.

19. Indica la opción incorrecta con respecto al centrifugado de la ropa:

a) Centrifugar es reducir el agua de la ropa en la lavadora haciendo girar el tambor a gran velocidad.
b) La velocidad de centrifugado se mide en revoluciones por minuto (RPM).
c) Cuanto mayor sea la velocidad de centrifugado, menor será la fuerza centrífuga.
d) Cuanto más diámetro tenga el bombo, mayor extracción de agua.

20. ¿Cómo serán los carros para transporte de ropa limpia?

a) Preferiblemente abiertos y perfectamente limpios.
b) Abiertos y profundos.
c) Preferiblemente cerrados y perfectamente limpios.
d) Nunca se utilizan carros para el transporte de ropa.

En MADTEST tienes **más preguntas de este tema**, y todos tus avances quedan registrados y se reflejan en el ranking.

¡Supera tus límites con MADTEST!

Solución al test n.º 2

1. c) Se almacenará en el mismo lugar donde se produce.

2. a) Con alcohol.

3. b) Limón.

4. c) Frotando con zumo de limón antes de lavar.

5. d) Cubriendo la mancha con alcohol y lavando normalmente.

6. a) Aplicar frío y rascar.

7. b) Milnor.

8. b) Regina.

9. a) Lo más breve posible.

10. a) Diariamente.

11. c) Pespunte.

12. a) 110 ºC.

13. d) Las prendas que se van a reparar serán manipuladas mínimamente para evitar que actúen como vehículo de transmisión de enfermedades.

14. a) Hilván.

15. b) Empaquetada y sobre estantes limpios y desinfectados.

16. c) Los ascensores o montacargas destinados a trasladar ropa sucia, serán de uso exclusivo.

17. a) 200 ºC.

18. c) 110 ºC.

19. c) Cuanto mayor sea la velocidad de centrifugado, menor será la fuerza centrífuga.

20. c) Preferiblemente cerrados y perfectamente limpios.

TEST N.º 3

El agua como uno de los elementos más importantes en el lavado de ropa. Calidad del agua. Tratamientos del agua

1. El agua está compuesta por:

a) 4 átomos: 2 de hidrógeno y 2 de oxígeno.
b) 3 átomos: 2 de hidrógeno y 1 de oxígeno.
c) 2 átomos: 1 de hidrógeno y 1 de oxígeno.
d) 1 solo átomo de oxígeno.

2. Entre los microorganismos del agua, encontramos:

a) Bacterias, virus.
b) Algas.
c) Protozoos.
d) Todas las respuestas son correctas.

3. Carecen de núcleo verdadero o bien definido:

a) Eucarióticas.
b) Procarióticas.
c) Mecarióticas.
d) Pricarióticas.

4. Las bacterias del agua son microorganismos:

a) Procarióticos.
b) Eucarióticos.
c) Bacilos.
d) Espirilos.

5. En los componentes variables celulares de la bacteria, encontramos:

a) Membranas celulares.
b) Ribosomas.
c) Región nuclear.
d) Flagelos.

6. Las bacterias del agua que requieren oxígeno libre para metabolizar sus alimentos, se denominan:

a) Bacterias anaeróbicas.
b) Bacterias anaeróbicas facultativas.
c) Bacterias aeróbicas.
d) Bacterias menaeróbicas.

7. Las bacterias mesofílicas, necesitan una temperatura de operación de:

a) 40 a 80 ºC.
b) 20 a 40 ºC.
c) 15 a 30 ºC.
d) < 30 ºC.

8. Un agua dura es:

a) El agua fuerte.
b) La que impide la perfecta disolución del jabón.
c) Agua que contiene sales de calcio.
d) Agua de río.

9. Los microorganismos más simples que contienen clorofila, se denominan:

a) Protozoos.
b) Algas.
c) Virus.
d) Bacterias.

10. ¿El agua puede transmitir enfermedades?

a) No, nunca.
b) Sí, como enfermedad entéricas.
c) Sí, como enfermedad de tipo alérgico.
d) No, el agua es imprescindible para la supervivencia y como tal no transmite enfermedad.

11. Entre las bacterias coliformes, encontramos:

a) *Escherichia coli.*
b) *Gardia lambria.*
c) *Entamoeba.*
d) *Histolytica.*

12. La dureza del agua provoca, entre otros:

a) Que se consuma menos jabón.
b) Que se consuma más jabón.
c) Que la ropa quede más esponjosa.
d) Que la ropa no quede lo suficientemente limpia.

13. La dureza del agua es una característica química de la misma que está determinada por el contenido de:

a) Carbonatos.
b) Bicarbonatos.
c) Cloruros y sulfatos.
d) Todas las respuestas son correctas.

14. Si la dureza del agua es más dura, será debido a que:

a) Hay contenido de calcio.
b) Hay contenido de magnesio.
c) Hay contenido de carbonato de calcio.
d) Menor contenido de carbonato de calcio.

15. Se conoce como «Dureza de No Carbonatos» a:

a) La dureza temporal.
b) La dureza intermedia.
c) La dureza permanente.
d) Tal dureza no existe, toda dureza es de carbonatos.

En MADTEST tienes **más preguntas de este tema**, y todos tus avances quedan registrados y se reflejan en el ranking.

¡Supera tus límites con MADTEST!

Solución al test n.º 3

1. b) 3 átomos: 2 de hidrógeno y 1 de oxígeno.

2. d) Todas las respuestas son correctas.

3. b) Procarióticas.

4. a) Procarióticos.

5. d) Flagelos.

6. c) Bacterias aeróbicas.

7. b) 20 a 40 ºC.

8. b) La que impide la perfecta disolución del jabón.

9. b) Algas.

10. b) Sí, como enfermedad entéricas.

11. a) *Escherichia coli*.

12. b) Que se consuma más jabón.

13. d) Todas las respuestas son correctas.

14. c) Hay contenido de carbonato de calcio.

15. c) La dureza permanente.

TEST N.º 4

Características de los textiles y estudio de las diferentes fibras que componen los tejidos. Reacción de los tejidos a la acción de ácidos, lejías, oxidantes, temperatura y acción mecánica

1. ¿Qué características básicas tendrá la ropa hospitalaria?

a) Comodidad, suavidad e higiene.
b) Comodidad, elasticidad y estética.
c) Elasticidad, suavidad y holgura.
d) Tallaje, marcaje e higiene.

2. ¿Qué prendas no son ropa de forma?

a) Pantalones, camisas, batas.
b) Camisones, pijamas.
c) Paños y entremetidas.
d) Todas las respuestas son correctas.

3. ¿Cómo se hace el cálculo de la producción de ropa en una lavandería?

a) En función del peso de ropa.
b) En función del volumen de ropa.
c) En función del número de prendas de línea.
d) En función del número de bolsas de ropa.

4. ¿Qué es mayor, el peso de la ropa lavada o el peso de la ropa tratada?

a) El peso de la ropa tratada.
b) El peso de la ropa lavada.
c) Son iguales.
d) Depende de la ropa.

5. ¿Cuánta ropa es producida en una lavandería?

a) Toda la ropa que entró en la lavandería.
b) La ropa que ha sido sometida a todo el proceso.
c) Toda la ropa desechada.
d) La suma de a) y c).

6. ¿Qué características determinan la calidad de los tejidos?

a) La composición.
b) El color.
c) El entrelazado.
d) Son correctas las respuestas a) y c).

7. ¿Qué resulta del entrelazado de las fibras?

a) Un tejido rugoso.
b) Un producto plano, el tejido.
c) Una fibra mayor.
d) Una prenda.

8. ¿Qué es la dureza del agua?

a) El pH.
b) La acidez.
c) La cantidad de sales disueltas.
d) Todas las respuestas son correctas.

9. ¿Qué efectos negativos pueden tener los lavados sobre la ropa?

a) Disminución de la resistencia del tejido.
b) Decoloración.
c) Encogido.
d) Todas las respuestas son correctas.

10. ¿Qué tipo de manchas pueden formarse en tejidos lavados con aguas alcalinas?

a) Negras.
b) Pardas.
c) Blancas.
d) No se forman manchas.

11. ¿Qué ocurre si se trata una mancha de sangre con lejía?

a) Se quita.
b) Se blanquea.
c) Se fija al tejido.
d) No tiene efecto alguno.

12. ¿Cómo se elimina una mancha de clorhexidina?

a) Con agua oxigenada.
b) Con perborato.
c) Con lejía.
d) Son correctas las respuestas a) y b).

13. ¿De qué color es la ropa de quirófano?

a) Blanca.
b) Azul.
c) Verde.
d) Negra.

14. ¿Qué es el tejido?

a) El proceso de entrelazar hilos de forma regular, para fabricar un producto plano.
b) El producto plano resultante del entrelazado de hilos.
c) La unión de fibras.
d) Las respuestas a) y b) son correctas.

15. ¿Cómo se denominan los conjuntos de hilo que se entrelazan en el tejido?

a) Urdimbre y trama.
b) Turdible y rama.
c) Cóncavo y convexo.
d) Tira y transversa.

16. ¿Cuál es el resultado de la unión sólida de un conjunto de fibras dispuestas de forma paralela?

a) Fibra.
b) Hilo.
c) Tejido.
d) Prenda.

17. ¿Qué tipo de fibra es el algodón?

a) Vegetal.
b) Animal.
c) Tallos de plantas.
d) Sintética.

18. ¿Qué parámetros determinan el rizado de la fibra?

a) Longitud y grosor.
b) Forma, frecuencia y amplitud.
c) Color y tensión.
d) Todas las respuestas son correctas.

19. ¿Qué factores determinan el tratamiento que se debe dar a la ropa en la lavandería?

a) Uso.
b) Color.
c) Tejido.
d) Todas las respuestas son correctas.

20. ¿Qué es la ropa de línea?

a) Son piezas de forma irregular, constituidas por varias piezas unidas por costuras.
b) Son las prendas que necesitan ser planchadas por procedimientos especiales, manuales o mecánicos.
c) Son prendas de forma regular, constituidas por una sola pieza, y sin costuras.
d) Son prendas que se lavan en calandra.

En MADTEST tienes **más preguntas de este tema**, y todos tus avances quedan registrados y se reflejan en el ranking.

¡Supera tus límites con MADTEST!

Solución al test n.º 4

1. a) Comodidad, suavidad e higiene.

2. c) Paños y entremetidas.

3. a) En función del peso de ropa.

4. a) El peso de la ropa tratada.

5. b) La ropa que ha sido sometida a todo el proceso.

6. d) Son correctas las respuestas a) y c).

7. b) Un producto plano, el tejido.

8. c) La cantidad de sales disueltas.

9. d) Todas las respuestas son correctas.

10. b) Pardas.

11. c) Se fija al tejido.

12. d) Son correctas las respuestas a) y b).

13. c) Verde.

14. d) Las respuestas a) y b) son correctas.

15. a) Urdimbre y trama.

16. b) Hilo.

17. a) Vegetal.

18. b) Forma, frecuencia y amplitud.

19. d) Todas las respuestas son correctas.

20. c) Son prendas de forma regular, constituidas por una sola pieza, y sin costuras.

TEST N.º 5

Tipos de suciedad (manchas) y formas de eliminarla. Clasificación según el método utilizado

1. Cuando utilicemos bencina en la limpieza de una mancha debemos:

a) Evitar acercamiento al fuego.
b) Es una sustancia poco inflamable, por lo que sí se puede acercar a fuentes de calor.
c) Evitar lavarlo con otros productos conjuntamente.
d) Ninguna de las respuestas es correcta.

2. ¿Cuál es el secreto más importante para eliminar las manchas de la ropa?

a) Lavar la prenda cuando se trate de manchas difíciles.
b) Actuar con rapidez.
c) Planchar la prenda antes de lavarla para sacar la mancha difícil.
d) Realizar una prueba en un trozo de tejido no visible de la prenda para comprobar su solidez.

3. Indica la respuesta incorrecta en relación a las manchas complejas:

a) Las telas que las posean deben ponerse sobre una tela de franela o algodón, plegado en varios dobleces, para absorber la sustancia disolvente utilizada.
b) Se empleará un solo producto quitamanchas, consiguiendo con ello la total eliminación de la mancha.
c) Es preciso ir quitando, sucesivamente, los distintos cercos que van dejando las sustancias con que se ha tratado la mancha primitiva.
d) Si es una mancha compleja en tejidos de seda, extenderemos una capa de polvos de talco alrededor de la mancha antes de empezar con su limpieza.

4. La magnesia es una sustancia:

a) Disolvente.
b) Acética.
c) Neutralizante.
d) Absorbente.

5. El ácido tartárico procede de:

a) Las uvas.
b) El vinagre de manzana.
c) El zumo de limón.
d) El vinagre de vino blanco.

6. El bicarbonato es una sustancia:

a) Disolvente.
b) Cítrica.
c) Neutralizante.
d) Absorbente.

7. Si se encuentra ropa manchada de zumo de fruta de hace varios días, ¿cómo se procede a eliminar dichas manchas?

a) Sumergiendo la pieza en agua hirviendo con sal, luego frote con jabón.
b) Lavándola con agua fría y detergente suave y aclarando muchas veces.
c) Impregnando la mancha con agua templada, añadiendo luego sal y sacudiéndola.
d) Decolorando con agua oxigenada de 20 volúmenes, utilizando una cucharada por litro de agua.

8. Para la eliminación de manchas de óxido se empleará:

a) Ácido oxálico, zumo de limón.
b) Ácido clorhídrico.
c) Jabón.
d) Amoniaco.

9. Para quitar manchas de alquitrán:

a) Hay que ablandar previamente la mancha con amoníaco.
b) Hay que lavarlas con agua caliente.
c) Sobre tejidos lavables se aplica esencia de trementina o gasolina.
d) Ninguna de las respuestas anteriores es correcta.

10. Para quitar manchas de rotulador se debe:

a) Usar esencia de trementina.
b) Utilizar solamente detergente normal.
c) Las de rotulador son difíciles de quitar.
d) Se usa alcohol 90° o acetona.

11. Para quitar manchas de huevo de tejidos de color:

a) Aclarar con amoníaco disuelto en agua (una cucharada por litro).
b) Lavar con agua fría con una cucharada de amoníaco por litro.

c) Remojar en leche y frotar, posteriormente lavar.
d) Tras remojar en agua caliente, aplicar una mezcla hervida de zumo de limón y talco.

12. Las manchas de tinta de bolígrafo, se eliminan con:

a) Lejía.
b) Ácido oxálico.
c) Leche o trisulfato sódico.
d) Frotando con aceite de trementina y bórax.

13. Las manchas de café se eliminan:

a) Con acetona.
b) En remojo en agua fría con detergente.
c) Con alcohol metílico.
d) Las respuestas b) y c) son correctas.

14. Las manchas de aceite en fibras sintéticas se eliminan:

a) Con talco para absorber la grasa.
b) Diluir la mancha con éter y lavar con detergente normal.
c) Frotar la mancha con un paño impregnado en trementina.
d) Con amoniaco.

15. El chicle en los tejidos, se elimina con:

a) Acetona.
b) Agua oxigenada.
c) Trementina.
d) Alcohol de quemar.

En MADTEST tienes **más preguntas de este tema**, y todos tus avances quedan registrados y se reflejan en el ranking.

¡Supera tus límites con MADTEST!

Solución al test n.º 5

1. a) Evitar acercamiento al fuego.

2. b) Actuar con rapidez.

3. b) Se empleará un solo producto quitamanchas, consiguiendo con ello la total eliminación de la mancha.

4. d) Absorbente.

5. a) Las uvas.

6. a) Disolvente.

7. a) Sumergiendo la pieza en agua hirviendo con sal, luego frote con jabón.

8. a) Ácido oxálico, zumo de limón.

9. c) Sobre tejidos lavables se aplica esencia de trementina o gasolina.

10. d) Se usa alcohol 90º o acetona.

11. b) Lavar con agua fría con una cucharada de amoníaco por litro.

12. c) Leche o trisulfato sódico.

13. c) Con alcohol metílico.

14. b) Diluir la mancha con éter y lavar con detergente normal.

15. a) Acetona.

TEST N.º 6

Características de los productos de lavado y neutralizantes. Calidades de las lejías. Anticloros: ventajas e inconvenientes

1. ¿Qué elemento realiza la acción química durante el lavado?

a) La maquinaria.
b) Los tejidos.
c) Los productos.
d) Todas las respuestas son correctas.

2. El "Círculo de Sinner":

a) Consiste en conseguir el equilibrio entre control de agua, control de productos, control de maquinaria y control de operaciones.

b) Consiste en conseguir el equilibrio entre cuatro factores: acción mecánica, acción química, temperatura del agua y tiempo de acción, permitiendo variar el peso de los mismos.

c) Consiste en conseguir el equilibrio entre las fases de clasificación de ropa, carga de lavadoras, lavado, planchado, plegado y envasado.

d) Consiste en conseguir el equilibrio entre el espacio físico de la lavandería y la diversificación de zonas.

3. ¿Con qué letra se denominan las indicaciones de peligro de las etiquetas de los productos?

a) P.
b) R.
c) H.
d) S.

4. ¿Cómo se denomina el documento elaborado por el fabricante de una sustancia o mezcla química en la que se ofrece abundante información sobre sus riesgos?

a) Ficha de datos de seguridad.
b) Etiqueta.
c) envase.
d) Prospecto.

5. ¿Qué datos contendrá la FDS sobre la manipulación y almacenamiento del producto?

a) Precauciones para una manipulación segura.
b) Condiciones de almacenamiento seguro, incluidas posibles incompatibilidades.
c) Usos específicos finales.
d) Todas las respuestas son correctas.

6. ¿Qué tipo de peligro tienen las sustancias comburentes?

a) Físicos.
b) Químicos.
c) Para la salud.
d) Para el medio ambiente.

7. Cuando una sustancia o mezcla inducen cáncer o aumentan su incidencia, ¿cómo se denomina?

a) Mutagénica.
b) Carcinogénica.
c) Pirogénica.
d) Tóxica.

8. Si en la etiqueta de un producto aparece el siguiente símbolo significa qué es:

a) Peligroso para el medio ambiente.
b) Nocivo.
c) Biodegradable.
d) Tóxico.

9. Los pictogramas de peligro son composiciones gráficas que contienen:

a) Un símbolo rojo sobre un fondo negro, con un marco naranja lo suficientemente ancho para ser claramente visible.
b) Un símbolo blanco sobre un fondo negro, con un marco rojo lo suficientemente ancho para ser claramente visible.
c) Un símbolo rojo sobre un fondo blanco, con un marco naranja lo suficientemente ancho para ser claramente visible.
d) Un símbolo negro sobre un fondo blanco, con un marco rojo lo suficientemente ancho para ser claramente visible.

10. Las indicaciones de peligro, llamadas H, se agrupan en:

a) Peligros para la salud humana.
b) Peligros físicos.
c) Peligros para el medio ambiente.
d) Todas las respuestas son correctas.

11. El documento que elabora el fabricante de una sustancia o mezcla química para informar de sus riesgos se llama:

a) Libro Técnico de Riesgos.
b) Ficha de Datos de Seguridad.
c) Libro de Instrucciones.
d) Nota Técnica de Prevención.

12. Los envases en que se presentan para la venta los productos de limpieza han de cumplir ciertos requisitos. ¿Cuál de los siguientes es falso?

a) Los materiales que constituyen los envases y sus cierres han de ser fácilmente solubles en el contenido para no entrar en reacción con él.
b) Los envases y sus cierres estará diseñados y fabricados de manera que sean estancos, fuertes y sólidos.
c) Los envases de los productos con un sistema de cierre reutilizable dispondrán de un cierre de características y diseños tales que una vez abiertos puedan ser nuevamente cerrados sin perder su carácter estanco.
d) La válvula de los productos envasados en aerosoles deberá permitir el cierre prácticamente hermético del generador de aerosol y estar protegida contra toda abertura involuntaria.

13. El Reglamento CLP establece tres tipos de peligros que pueden representar las sustancias o sus mezclas; señala la incorrecta:

a) Peligros para el medio ambiente.
b) Peligros físicos.
c) Peligros para la salud.
d) Peligros contagiables.

14. Según el Reglamento CLP, ¿en cuántas clases se agrupan los peligros relacionados con las propiedades fisicoquímicas de los productos?

a) En 2 clases.
b) En 6 clases.
c) En 10 clases.
d) En 16 clases.

15. Los líquidos inflamables son aquellos cuyo punto de inflamación no supera:

a) 60 ºC.
b) 80 ºC.
c) 93 ºC.
d) 110 ºC.

16. ¿Cómo se llaman las sustancias que en contacto con otras producen una reacción exotérmica?

a) Pirofóricas.
b) Explosivas.
c) Comburentes.
d) Corrosivas.

17. Las sustancias o mezclas líquidas o sólidas que, aún en pequeñas cantidades, pueden inflamarse al cabo de 5 minutos de entrar en contacto con el aire, se llaman:

a) Sustancias pirofóricas.
b) Sustancias comburentes.
c) Sustancias autorreactivas.
d) Sustancias explosivas.

18. Los peligros para la salud se hallan divididos, según el Reglamento CLP, en:

a) 20 clases y 35 categorías.
b) 2 clases y 5 categorías.
c) 10 clases y 25 categorías.
d) 16 clases y 45 categorías.

19. No se considera toxicidad aguda cuando los efectos adversos se manifiestan:

a) Tras la administración por vía oral de una sola dosis de una sustancia o mezcla.
b) Tras dosis múltiples administradas a lo largo de 24 horas.
c) Como consecuencia de una exposición por inhalación durante 4 horas.
d) Tras la administración por vía cutánea de entre 10 a 20 dosis de una sustancia o mezcla.

20. Se clasifican como irritantes oculares las sustancias que, como consecuencia de su aplicación en la superficie anterior del ojo, producen alteraciones oculares totalmente reversibles en:

a) Las 4 horas siguientes a la aplicación.
b) Las 24 horas siguientes a la aplicación.
c) Los 10 días siguientes a la aplicación.
d) Los 21 días siguientes a la aplicación.

En MADTEST tienes **más preguntas de este tema**, y todos tus avances quedan registrados y se reflejan en el ranking.

¡Supera tus límites con MADTEST!

Solución al test n.º 6

1. c) Los productos.

2. b) Consiste en conseguir el equilibrio entre cuatro factores: acción mecánica, acción química, temperatura del agua y tiempo de acción, permitiendo variar el peso de los mismos.

3. c) H.

4. a) Ficha de datos de seguridad.

5. d) Todas las respuestas son correctas.

6. a) Físicos.

7. b) Carcinogénica.

8. a) Peligroso para el medio ambiente.

9. d) Un símbolo negro sobre un fondo blanco, con un marco rojo lo suficientemente ancho para ser claramente visible.

10. d) Todas las respuestas son correctas.

11. b) Ficha de Datos de Seguridad.

12. a) Los materiales que constituyen los envases y sus cierres han de ser fácilmente solubles en el contenido para no entrar en reacción con él.

13. d) Peligros contagiables.

14. d) En 16 clases.

15. a) 60 ºC.

16. c) Comburentes.

17. a) Sustancias pirofóricas.

18. c) 10 clases y 25 categorías.

19. d) Tras la administración por vía cutánea de entre 10 a 20 dosis de una sustancia o mezcla.

20. d) Los 21 días siguientes a la aplicación.

TEST N.º 7

Métodos de lavado. Mojado, prelavado, aclarado, lejiado. Programas de lavado según la suciedad y tipo de fibra

1. ¿Qué procesos forman parte de un ciclo de lavado?

a) Humectación y prelavado.
b) Lavado, aclarado y centrifugado.
c) Lejiado y neutralizado.
d) Todas las respuestas son correctas.

2. ¿Cómo se mantiene la ropa durante la humectación?

a) En agua fría durante 3-5 minutos.
b) En agua caliente durante 3-5 minutos.
c) En agua fría durante una hora.
d) En agua tibia sin tiempo determinado.

3. ¿En qué consiste el aclarado de la ropa?

a) Consiste en mojar la ropa con agua y detergente.
b) Consiste en mantener la ropa mojada para que no se arrugue.
c) Consiste en utilizar agua limpia para disolver los productos de lavado y las suciedades eliminadas.
d) Consiste en someter la ropa a giros rápidos para eliminar el agua retenida.

4. ¿Qué objetivo tiene el lejiado de la ropa?

a) Blanquear.
b) Desinfectar.
c) Emulsionar las suciedades.
d) Son correctas las respuestas a) y b).

5. ¿Qué es falso sobre el suavizante de la ropa?

a) Se añade en el último aclarado.
b) No necesita aclarado posterior.
c) Es recomendable en todo tipo de tejidos.
d) Mejora el tacto de la prenda.

6. ¿Cuál de los siguientes no es un objetivo del lavado de ropa?

a) Eliminación total de la suciedad presente en la ropa, sin deteriorar los tejidos, utilizando los productos adecuados.
b) Desinfección de las prendas, cuando sea necesario.
c) Eliminación de todo tipo de manchas, imperfecciones y arrugas.
d) Blanqueo de los tejidos.

7. ¿Cuándo se realiza la fase de humectación?

a) A la mitad del lavado.
b) En el prelavado.
c) Al inicio del lavado.
d) Las respuestas b) y c) son correctas.

8. ¿Qué procesos forman parte del tercer ciclo del prelavado?

a) Lejiado.
b) Aclarado, con expulsión del agua y centrifugado.
c) Se pone en funcionamiento el termostato para calentar el agua.
d) Todas las repuestas son correctas.

9. ¿En qué momento se produce el aclarado?

a) En la fase de prelavado.
b) En la fase de lavado.
c) Tras la adición y acción de cada producto.
d) Tras el centrifugado.

10. ¿En qué momento se añade la lejía?

a) Durante el prelavado.
b) Antes del prelavado.
c) Después del lavado.
d) Las opciones a) y c) son correctas.

11. ¿Qué ventajas tiene el lejiado tras el lavado?

a) Mejor blanqueo.
b) Mayor fijación de cloro.

c) No necesita neutralizante.
d) Todas las respuestas son correctas.

12. ¿Qué finalidad tiene el neutralizado?

a) El aclarado de los tejidos.
b) El blanqueo de los tejidos.
c) Evitar que queden restos de cloro en los tejidos.
d) Evitar el desteñido.

13. ¿Qué parámetros definen un programa de lavado?

a) La duración del lavado.
b) La temperatura.
c) Los aditivos de cada fase.
d) Todas las respuestas son correctas.

14. ¿Qué fases pueden formar parte del prelavado, o fase anterior al lavado?

a) Humectación.
b) Lejiado.
c) Neutralizado.
d) Suavizante.

15. ¿Qué procesos no forman parte del tercer ciclo del prelavado?

a) Lejiado.
b) Aclarado.
c) Centrifugado.
d) Todas las repuestas son correctas.

16. ¿En qué momento se produce el centrifugado?

a) En la fase de prelavado.
b) En la fase de lavado.
c) Tras la adición y acción de cada producto.
d) Tras el centrifugado.

17. ¿En qué momento se añade el suavizante?

a) Durante el prelavado.
b) Antes del prelavado.
c) Después del lavado.
d) El último aclarado.

18. La humectación es una fase de lavado consistente en:

a) Blanquear y desinfectar la ropa.

b) Mantener la ropa inicialmente en agua fría durante 3 a 5 minutos, para favorecer la eliminación de las manchas.

c) Utilizar agua limpia para disolver los productos de lavado y las suciedades eliminadas.

d) Una alternancia de aclarados y centrifugados.

19. En el primer ciclo del prelavado:

a) El tambor de la máquina de lavado se llena hasta un 30 % de su capacidad con agua que lleva la dosis correspondiente de detergente.

b) El movimiento del tambor se detiene para expulsar el agua.

c) El tambor se llena completamente de agua.

d) El agua, con la dosificación de detergente y blanqueador, pasa al tambor hasta llenar aproximadamente la mitad.

20. En el segundo ciclo de lavado:

a) Hay una alternancia de aclarados y centrifugados.

b) Se realiza la adición de productos suavizantes.

c) El agua, con la dosificación adecuada de detergente y blanqueador, pasa al tambor hasta llenar aproximadamente la mitad.

d) La cubeta se llena de agua completamente hasta cubrir la ropa, y realiza movimientos continuados y a velocidad constante.

En MADTEST tienes **más preguntas de este tema**, y todos tus avances quedan registrados y se reflejan en el ranking.

¡Supera tus límites con MADTEST!

Solución al test n.º 7

1. d) Todas las respuestas son correctas.

2. a) En agua fría durante 3-5 minutos.

3. c) Consiste en utilizar agua limpia para disolver los productos de lavado y las suciedades eliminadas.

4. d) Son correctas las respuestas a) y b).

5. c) Es recomendable en todo tipo de tejidos.

6. c) Eliminación de todo tipo de manchas, imperfecciones y arrugas.

7. d) Las respuestas b) y c) son correctas.

8. b) Aclarado, con expulsión del agua y centrifugado.

9. c) Tras la adición y acción de cada producto.

10. d) Las opciones a) y c) son correctas.

11. a) Mejor blanqueo.

12. c) Evitar que queden restos de cloro en los tejidos.

13. d) Todas las respuestas son correctas.

14. a) Humectación.

15. a) Lejiado.

16. b) En la fase de lavado.

17. d) En el último aclarado.

18. b) Mantener la ropa inicialmente en agua fría durante 3 a 5 minutos, para favorecer la eliminación de las manchas.

19. a) El tambor de la máquina de lavado se llena hasta un 30 % de su capacidad con agua que lleva la dosis correspondiente de detergente.

20. d) La cubeta se llena de agua completamente hasta cubrir la ropa, y realiza movimientos continuados y a velocidad constante.

Controles de lavado: agua, productos, máquinas, operaciones, aclarados y calidad obtenida

1. Molécula de tamaño medio, que por un extremo son solubles al agua y por el otro lo son en las grasas. Hablamos de:

a) Suavizantes.
b) Lejías.
c) Quita grasas.
d) Detergentes.

2. Un detergente catiónico:

a) Son los detergentes antibacterianos más importantes.
b) Son los detergentes más importantes para los organismos gram positivos.
c) Son los detergentes más importantes, sobre todo en un medio alcalino y en ausencia de materia orgánica.
d) Todas las respuestas son correctas.

3. Los jabones convencionales se incluyen en los:

a) Detergentes catiónicos.
b) Detergentes aniónicos.
c) Detergentes no iónicos.
d) Detergentes anfóteros.

4. El pH indica:

a) Los grados de temperatura del agua.
b) Si el detergente es indicado para el tipo de ropa.
c) El grado de acidez o alcalinidad del agua.
d) La eficacia microbiana en el lavado.

5. Los detergentes anfóteros:

a) Pueden comportarse, según las condiciones de empleo, como aniónicos.
b) Pueden comportarse, según las condiciones de empleo, como catiónicos.

c) Algunos de ellos se recomiendan para el lavado prequirúrgico.
d) Todas las anteriores son correctas.

6. El rango de valores del pH, nos indica que 7 es una acidez:

a) Alta.
b) Baja.
c) Neutra.
d) Muy alta.

7. El compuesto de grasas naturales y un álcali es:

a) El bórax.
b) Un blanqueante.
c) El jabón.
d) Un suavizante.

8. Estos detergentes son prácticamente ineficaces como agentes antimicrobianos; en algunos casos, hasta promueven el crecimiento bacteriano:

a) Catiónicos.
b) No iónicos.
c) Anfóteros.
d) Aniónicos.

9. El pH en los remojos previos es de:

a) 5.
b) 10.
c) 14.
d) 7.

10. ¿Qué es fuzzy logic?

a) Literalmente significa lógica difusa.
b) Es una especie de inteligencia artificial de las lavadoras.
c) La lavadora ajusta variables con sólo indicar el tipo y cantidad de prendas.
d) Todas las respuestas son correctas.

En MADTEST tienes **más preguntas de este tema**, y todos tus avances quedan registrados y se reflejan en el ranking.

¡Supera tus límites con MADTEST!

Solución al test n.º 8

1. d) Detergentes.

2. d) Todas las respuestas son correctas.

3. b) Detergentes aniónicos.

4. c) El grado de acidez o alcalinidad del agua.

5. d) Todas las anteriores son correctas.

6. c) Neutra.

7. c) El jabón.

8. b) No iónicos.

9. d) 7.

10. d) Todas las respuestas son correctas.

TEST N.º 9

Secado de ropas y piezas de la institución hospitalaria, así como su clasificación y recuento

1. En las lavanderías, el secado de la ropa se realiza:

a) Al sol.
b) En máquinas secadoras.
c) En máquinas escurridoras-lavadoras.
d) En las calandras.

2. Los sistemas más utilizados en las lavanderías industriales son:

a) Prensas escurridoras.
b) Ventiladores de aire caliente.
c) El secador de transferencia por ciclos.
d) Las respuestas a) y c) son correctas.

3. En el ciclo de secado de la secadora de transferencia por ciclo, el aire de salida que es conducido al exterior oscila entre:

a) 50 al 60 %.
b) 20 al 30 %.
c) 70 al 80 %.
d) 10 al 30 %.

4. En la descarga por basculamiento:

a) La tapa de la descarga se abre mientras el tambor se para y es basculado.
b) La tapa de la descarga se abre mientras el tambor continúa girando y es basculado.
c) La válvula de calefacción se cierra y la válvula de aire no viciado se abre.
d) Ninguna de las anteriores es correcta.

5. El registro de tiro se encuentra situado:

a) Encima del cárter de la máquina, delante de la caja de calefacción.
b) Debajo del cárter de la máquina, detrás de la caja de calefacción.
c) En medio del cárter de la máquina, detrás de la caja de calefacción.
d) Las secadoras no tienen registro de tiro.

6. Para proteger la ropa de posibles insectos:

a) Se pondrán productos olorosos.
b) Se pondrán productos antiparásitos.
c) Se pondrán las prendas en armarios cerrados.
d) Se pondrá la ropa cerca de focos de luz para evitarlos.

7. La clasificación de la ropa de cama se hará:

a) En horizontal.
b) En vertical.
c) Transversal.
d) No necesita clasificación.

8. Los uniformes del personal, se clasifican por:

a) Color.
b) Talla.
c) Especialidad o función.
d) Grado de blancura.

9. Los uniformes que se clasifican por percheros son:

a) Petos de quirófano.
b) Módulo de dirección.
c) Blusas.
d) Cofias.

10. La clasificación de la ropa corre a cargo de:

a) La lencera.
b) La planchadora.
c) La pinche.
d) La gobernanta.

En MADTEST tienes **más preguntas de este tema**, y todos tus avances quedan registrados y se reflejan en el ranking.

¡Supera tus límites con MADTEST!

Solución al test n.º 9

1. b) En máquinas secadoras.

2. d)Las respuestas a) y c) son correctas.

3. b) 20 al 30 %.

4. b) La tapa de la descarga se abre mientras el tambor continúa girando y es basculado.

5. a) Encima del cárter de la máquina, delante de la caja de calefacción.

6. b) Se pondrán productos antiparásitos.

7. a) En horizontal.

8. c) Especialidad o función.

9. b) Módulo de dirección.

10. d) La gobernanta.

TEST N.º 10

Prevención de riesgos laborales propias de la categoría

1. ¿Cuál de estas medidas de prevención es eficaz frente a los riesgos eléctricos?

a) En caso de avería conectar la tensión.
b) No utilizar los aparatos eléctricos con manos húmedas o mojadas.
c) Cubrir las aberturas en el suelo o colocar barandillas, barras intermedias o plintos en todo el perímetro de los huecos.
d) Disponer de suelos antideslizantes.

2. ¿Qué tipo de riesgo se evitará con las siguientes medidas preventivas: mantener de forma adecuada todos los equipos, revestir paredes y techos con paneles que absorban el ruido, aislar las fuentes de ruido?

a) Caídas al mismo nivel.
b) Exposición a fuentes de ruido.
c) Eléctrico.
d) Exposición a productos químicos.

3. ¿Qué medida ayuda a prevenir los riesgos de incendio y explosión?

a) Almacenar los productos inflamables en locales distintos e independientes de los de trabajo, debidamente aislados y ventilados.
b) Almacenar los productos inflamables en armarios no aislados y con la correspondiente señalización de riesgo de incendio.
c) Fumar en todo el recinto sujeto al riesgo.
d) Todas las respuestas son correctas.

4. ¿Qué riesgo conllevan para el personal la realización de trabajos no planificados o imprevistos?

a) Planificación adecuada.
b) Estrés.

c) Riesgos derivados de agentes físicos.
d) Todas las respuestas son correctas.

5. ¿Qué es correcto sobre el área física de la lavandería?

a) Una correcta iluminación es fundamental para ordenar la ropa sucia, operar los equipos de trabajo, inspeccionar la ropa procesada y detectar manchas, etc.
b) El tamaño de la lavandería estará en función del volumen de textiles que deban ser procesados y el tipo y tamaño del equipamiento requerido en el procesamiento.
c) El área de procesamiento de ropa sucia debe estar separada del almacenamiento de ropa limpia.
d) Todas las respuestas son correctas.

6. ¿Qué riesgo supone la ropa contaminada para el paciente y el trabajador de la lavandería?

a) Escaso.
b) Alto.
c) Medio.
d) Grave e inminente.

7. ¿Cuáles son los riesgos físicos más comunes en la lavandería?

a) Contacto y manejo de sustancias químicas.
b) Exposición al ruido, temperatura y electricidad.
c) Manipulación manual de cargas, posturas forzadas.
d) Todas las respuestas son correctas.

8. ¿Qué riesgo tiene para el trabajador el proceso de centrifugado de la ropa?

a) Temperaturas elevadas y ruidos.
b) Posturas forzadas y manipulación de cargas.
c) Las respuestas a) y b) son correctas.
d) Las respuestas a) y b) son falsas.

9. ¿Qué función tienen las grúas pórtico?

a) Levantar y suspender automáticamente una carga.
b) Transportar cargas en palet.
c) Ayudar a reducir la manipulación de carga.
d) Ninguna respuesta es correcta.

10. Según el RD 487/1997, ¿qué se entiende por manipulación manual de cargas (MMC)?

a) Solo levantar objetos de más de 25 kg.
b) Cualquier operación de transporte o sujeción de una carga, como levantamiento, colocación, empuje, tracción o desplazamiento, que entrañe riesgos dorsolumbares.

c) La utilización de carretillas mecánicas.
d) Únicamente el traslado de personas.

11. ¿A partir de qué peso considera la Guía Técnica que debe evaluarse el riesgo de MMC?

a) 1 kg.
b) 3 kg.
c) 10 kg.
d) 25 kg.

12. Según la norma ISO 11228-1, ¿qué peso puede constituir un riesgo no tolerable en sí mismo?

a) 10 kg.
b) 15 kg.
c) 20 kg.
d) Más de 25 kg.

13. ¿Qué ocurre con la capacidad de levantamiento cuando dos personas manipulan una carga juntas?

a) Se suma totalmente la fuerza de ambas.
b) Es de dos tercios de la suma de sus capacidades individuales.
c) Se reduce a la mitad.
d) No se modifica.

14. ¿Qué particularidad tiene la manipulación de seres vivos?

a) No implica riesgos dorsolumbares.
b) Se considera menos peligrosa que la de objetos inertes.
c) Genera niveles de riesgo más difíciles de cuantificar por los movimientos bruscos e inesperados.
d) Solo se aplica en el ámbito escolar.

15. ¿Qué debe garantizar el empresario respecto a la formación de los trabajadores en MMC?

a) Únicamente formación teórica.
b) Solo en el momento de la contratación.
c) Formación teórica y práctica, suficiente y adecuada, adaptada al puesto y actualizada.
d) Formación general sin adaptación.

16. Según el RD 487/1997, ¿qué peso máximo no debe superarse en condiciones ideales para mujeres de 20 a 45 años?

a) 25 kg.
b) 22 kg.

c) 20 kg.
d) 15 kg.

17. ¿Qué fuerza máxima inicial se recomienda no superar en tareas de empuje realizadas por mujeres?

a) 240 N.
b) 360 N.
c) 150 N.
d) 250 N.

18. ¿Cuál de las siguientes no es un área física de lavandería?

a) Área de recepción.
b) Área de clasificación.
c) Área de lavado.
d) Área de etiquetado.

19. Respecto de la iluminación en una lavandería es correcto afirmar que:

a) No es un factor importante a tener en cuenta.
b) Una correcta iluminación es fundamental para ordenar la ropa sucia, operar los equipos de trabajo, inspeccionar la ropa procesada, detectar manchas, etc.
c) Es mejor una escasa iluminación para que no se produzcan reflejos.
d) El sistema idóneo es el de las lámpara tipo flexo.

20. Para la clasificación de la ropa sucia debe tenerse en cuenta:

a) El nivel de suciedad.
b) Que carece de importancia el tipo de fibra textil.
c) Que las prendas de poliéster deberán ser procesadas en la misma forma que las de algodón cien por cien.
d) Que debe transportarse junto con la ropa limpia para minimizar la contaminación cruzada.

En MADTEST tienes **más preguntas de este tema**, y todos tus avances quedan registrados y se reflejan en el ranking.

¡Supera tus límites con MADTEST!

Solución al test n.º 10

1. b) No utilizar los aparatos eléctricos con manos húmedas o mojadas.

2. b) Exposición a fuentes de ruido.

3. a) Almacenar los productos inflamables en locales distintos e independientes de los de trabajo, debidamente aislados y ventilados.

4. b) Estrés.

5. d) Todas las respuestas son correctas.

6. a) Escaso.

7. b) Exposición al ruido, temperatura y electricidad.

8. c) Las respuestas a) y b) son correctas.

9. a) Levantar y suspender automáticamente una carga.

10. b) Cualquier operación de transporte o sujeción de una carga, como levantamiento, colocación, empuje, tracción o desplazamiento, que entrañe riesgos dorsolumbares.

11. b) 3 kg.

12. d) Más de 25 kg.

13. b) Es de dos tercios de la suma de sus capacidades individuales.

14. c) Genera niveles de riesgo más difíciles de cuantificar por los movimientos bruscos e inesperados.

15. c) Formación teórica y práctica, suficiente y adecuada, adaptada al puesto y actualizada.

16. c) 20 kg.

17. a) 240 N.

18. d) Área de etiquetado.

19. b) Una correcta iluminación es fundamental para ordenar la ropa sucia, operar los equipos de trabajo, inspeccionar la ropa procesada, detectar manchas, etc.

20. a) El nivel de suciedad.

Protección medioambiental: nociones básicas sobre contaminación ambiental

1. ¿Qué se entiende por desarrollo sostenible?

a) Aquel que satisface las necesidades de las generaciones presentes, comprometiendo las posibilidades de las generaciones futuras para atender las suyas.

b) Aquel que permite el desarrollo de las generaciones futuras, a costa de obviar las necesidades presentes.

c) Aquel que satisface las necesidades de las generaciones presentes, sin comprometer las posibilidades de las generaciones futuras para atender las suyas.

d) Es un concepto que todavía está por definir.

2. ¿Cuáles de las siguientes finalidades engloba el concepto de desarrollo sostenible?

a) Desarrollo económico.

b) Sostenibilidad ambiental.

c) Equidad social.

d) Todas las respuestas son correctas.

3. ¿Qué plantea básicamente el Informe Brundtland en 1987?

a) Que la protección y conservación del medio ambiente debe basarse en el concepto de desarrollo sostenible.

b) Que se debe frenar el desarrollo económico e industrial, para proteger el medio ambiente.

c) Que el desarrollo económico y la sostenibilidad ambiental, son conceptos incompatibles.

d) Todas las respuestas son correctas.

4. ¿Qué es la Agenda 21?

a) Un convenio sobre cambio climático.

b) Un programa de acción para alcanzar los objetivos del desarrollo sostenible en todos los países.

c) Una declaración sobre medio ambiente y desarrollo.

d) Un documento donde se programan todas las reuniones que tendrán lugar en el siglo 21.

5. ¿Qué consecuencias tiene el efecto invernadero?

a) El calentamiento de la tierra.
b) El enfriamiento de la tierra.
c) La eutrofización de las aguas.
d) Todas las respuestas son correctas.

6. ¿Qué efecto tienen los incendios sobre el medio ambiente?

a) Liberación de CO_2 a la atmósfera.
b) Liberación de CFCs a la atmósfera.
c) Deforestación.
d) Las opciones a) y c) son correctas.

7. ¿Cuáles son las consecuencias del cambio climático?

a) Disminución de la lluvia y largos periodos de sequía.
b) Lluvias torrenciales e inundaciones.
c) Deshielo de glaciares.
d) Todas las respuestas son correctas.

8. ¿Qué problemas causa el ozono troposférico?

a) Se ha formado un agujero en la capa.
b) Resulta perjudicial para la salud humana a elevadas concentraciones.
c) Se desplaza a los polos dejando desprotegidas otras zonas de la tierra.
d) Todas las respuestas son correctas.

9. Indica cuál de las siguientes afirmaciones es falsa:

a) El suelo puede contaminarse por acumulación de determinadas sustancias.
b) Cuando su capacidad de almacenamiento llega al límite, los contaminantes son liberados a otros medios.
c) Los contaminantes del suelo no van a entrar en la cadena trófica.
d) Las respuestas a) y b) son correctas.

10. Los objetivos que se establecen respecto a los residuos, por orden de prioridad, son:

a) Reducción, reutilización, reciclado, eliminación y otras formas de valorización.
b) Reutilización, reciclado, reducción y eliminación.

c) Reciclado, reducción, reutilización y eliminación.
d) Eliminación, reciclado, reutilización y reducción.

11. ¿Qué es la valorización de los residuos?

a) Cualquier procedimiento que permita el aprovechamiento de los recursos contenidos en los residuos, sin poner en peligro la salud humana.
b) La reducción de los residuos.
c) La reutilización de los residuos, sin poner en peligro la salud humana.
d) Ninguna respuesta es correcta.

12. ¿Cuáles de los siguientes parámetros se usan para definir la calidad del agua?

a) Concentración, temperatura y turbidez.
b) DBO y DQO.
c) CFCs y COVs.
d) Las respuestas a) y b) son correctas.

13. ¿Qué consecuencias tiene la concentración de materia orgánica en el agua de los ríos?

a) La eutrofización.
b) La proliferación de todas las especies animales.
c) El aumento de la biodiversidad.
d) Todas las anteriores son consecuencias.

14. ¿A partir de qué intensidad de ruido se entra en el umbral del dolor para el oído humano?

a) 80 dB.
b) 120 dB.
c) 20 dB.
d) 1200 dB.

15. ¿Qué contenido contaminante lleva el agua procedente del fregado de la vajilla?

a) Restos de suciedades orgánicas.
b) Resto de productos.
c) Ambas respuestas son correctas.
d) Ambas respuestas son falsas.

16. ¿Qué efectos tienen los fosfatos que componen los detergentes?

a) Eutrofización de las aguas.
b) Contaminación atmosférica.

c) Contaminación lumínica.
d) Cambios de pH.

17. ¿Qué es la biodegradabilidad?

a) La capacidad no contaminante.
b) La capacidad de ser degradado de forma natural.
c) Una propiedad de todos los detergentes.
d) La posibilidad de acumulación en los ríos.

18. Los productos de limpieza en seco, ¿son contaminantes?

a) Sí, porque llevan disolventes.
b) No.
c) Sí, porque llevan tensioactivos.
d) No, porque sólo generan espuma.

19. ¿Qué son los lodos de depuración?

a) Restos de alimentos que se vierten en el agua.
b) Restos de contaminantes y bacterias muertas que se vierten con el agua.
c) Restos de contaminantes y bacterias muertas resultantes del proceso de depuración de agua.
d) Residuos reutilizables para depuración.

20. ¿Qué destino se le dará a los lodos de depuración?

a) Reciclado.
b) Incineración.
c) Depósito en vertederos.
d) Reutilización.

En MADTEST tienes **más preguntas de este tema**, y todos tus avances quedan registrados y se reflejan en el ranking.

¡Supera tus límites con MADTEST!

Solución al test n.º 11

1. c) Aquel que satisface las necesidades de las generaciones presentes, sin comprometer las posibilidades de las generaciones futuras para atender las suyas.

2. d) Todas las respuestas son correctas.

3. a) Que la protección y conservación del medio ambiente debe basarse en el concepto de desarrollo sostenible.

4. b) Un programa de acción para alcanzar los objetivos del desarrollo sostenible en todos los países.

5. a) El calentamiento de la tierra.

6. d) Las opciones a) y c) son correctas.

7. d) Todas las respuestas son correctas.

8. b) Resulta perjudicial para la salud humana a elevadas concentraciones.

9. c) Los contaminantes del suelo no van a entrar en la cadena trófica.

10. a) Reducción, reutilización, reciclado, eliminación y otras formas de valorización.

11. a) Cualquier procedimiento que permita el aprovechamiento de los recursos contenidos en los residuos, sin poner en peligro la salud humana.

12. d) Las respuestas a) y b) son correctas.

13. a) La eutrofización.

14. b) 120 dB.

15. c) Ambas respuestas son correctas.

16. a) Eutrofización de las aguas.

17. b) La capacidad de ser degradado de forma natural.

18. a) Sí, porque llevan disolventes.

19. c) Restos de contaminantes y bacterias muertas resultantes del proceso de depuración de agua.

20. b) Incineración.

Cómo acceder al Curso

Lavandero/a
Test del temario

El uso de los códigos **es exclusivo de los compradores de los productos de Editorial MAD**. Cada producto posee un código único y de un solo uso. Es personal e intransferible y da acceso a servicios y contenidos adicionales. Editorial MAD se reserva el derecho de hacer cuantas comprobaciones sean necesarias para identificar al legítimo poseedor del código y dejar de dar servicio a quien haga uso fraudulento del mismo, además de emprender cuantas acciones legales estime oportunas según la legislación vigente.

Deberás acceder a:

mad.es/registro-campus

Si una vez aceptadas las condiciones de uso del Campus decides hacer uso del mismo, necesitarás del siguiente código de acceso junto con los códigos del resto de títulos que se exigen (si fuera el caso):

TIKWS6ZL32